おいしいもので できている

稲田俊輔

リトルモア

はじめに

人は誰しもおいしいものを食べるのが好きだと思います。ですがその中には一定数、常軌を逸してそれが好きな人たちがいるような気もします。そして僕自身もその中のひとりだというはっきりとした自覚があります。

この「常軌を逸した」人々は、人生における時間やお金、そしてそれ以上に「気持ち」の使い方の優先度が思いっきり食に向いています。そしてその興味は往々にして、おいしいものだけでなくおいしいかどうかもわからないもの、時には決しておいしくはなさそうなものにまで向けられるのです。

だからそれは「グルメ」というのとは少し違うと思っています。実際自分もそうですが、こういう人々の多くはグルメと呼ばれることを良しとしないのではないでしょうか。グルメって、おいしいものを食べるのが好きというよりはむしろ、おいしくないものを食べることが嫌いな人たちなんじゃないだろうか、と思うことがあります。もっと言えばそれはその「おいしくないもの」の範囲が極端に広い不幸な人々なのではないか、とすら。

常軌を逸して食べることが好きな人々の振る舞いや言動は、そうではない人々から見ると時に滑稽だったり、不可解だったり、驚きに満ちたものだったりするかもしれません。この本は、そんな人間のひとりからは世の中の食べ物がどう見えているかの自己症例報告のようなものです。

そして実のところ誰だって多かれ少なかれ何かしら、好きな食べ物に対しては、ひときわ強い愛情を持っていると思うのです。この本には世の中のいろいろな食べ物に対する様々な偏愛が描かれています。その一部分にでも共感してもらえればもちろん嬉しいのですが、この人ちょっとおかしいんじゃ、と驚いてもらっても笑ってもらってももちろん嬉しいのです。

そこに悪意が介在しない限り世の中にまずいものなんて無い、というのが僕の信念です。世界はおおむね、おいしいものでできている。そのことに気づいたら、日々の生活はきっともう少しだけハッピーなものになるのではありますまいか。僕がこのタイトルに込めたささやかな主張は、つまりそういうことです。

おいしいもので　できている

もくじ

幸福の月見うどん

卵料理が好きです。そして僕が思う世界最高の卵料理、それは、「月見うどんの卵黄を破ってうどんをすする最初の一口」です。

ダシの熱でほどよく温まり、微かに粘度を増しつつも部分的に冷たさを残した卵黄、そのミルキーな香りと濃厚なコクをダシの旨みが下支えし滑らかなうどんにまとわりつく、一口の愉悦。すすり切る直前に初めて感じる、うどんの端に引っかかった無味に近い卵白の滑らかなテクスチャーと咀嚼《そしゃく》後からそれを引き締め始める葱の香味。コンマ数秒の間に濃密なドラマが展開し、卵という食材の魅力があらゆる角度から引き出される立体感は、まさに唯一無二のものです。

その昔、讃岐うどんが人口に膾炙《かいしゃ》し始めた頃、初めて「釜玉うどん」という料理を知りました。茹で立てのうどんを熱々のままますばやく生卵と絡める、讃岐うどんならではの食べ方です。「これはいいかも！」と僕は興奮しました。つまり、釜玉うどんであれば卵がダシに拡散することなく最初から最後まで「月見うどんの最初の一口」が楽しめるのではないか。そう思ったのです。しかしこれは完全なる勘違いでした。実際試してみた釜玉うどんは、確かにおいしい。こんなに単純なことなのに、「うどんそのもの」の新しい楽しみ方ではありました。しかし違う。何かが違う。

ということはもしかしたら「儚さ」もその魅力の重要な部分なのかもしれません。丼いっぱいの月見うどんであっても、その愉悦は一瞬。箸さばきを慎重かつ入念に行えば、もしかしたらその後一回か二回は最初のひとすすりに近い状態を構築できるかもしれませんが、やはり最初のひとすすりには確実に劣ります。何より、二回三回続けて楽しもうという邪念は、ややもすると初回うどんにくぐらせる卵黄の量を意識的にせよ無意識的にせよセーブしてしまう行動に繋がりかねず、それでは本末転倒です。

もし自分がお殿様ないし石油王であったなら、食膳に十杯くらいの月見うどんを並べて、その片っ端から「最初の一口」だけを楽しみたい、と妄想したこともあります。「余は満足じゃ。残ったうどんはそなたたちで食べるが良い」。そう言い残して悠然と席を立つのです。しかしそれはあまりにも人としてどうかと思いますし、何より下品極まります。それに、プライドや体面をかなぐり捨てて実際そういう蛮行に出たとしても、結局、二口目三口目とその刹那《せつな》的な幸福感は逓減《ていげん》していくだけなのではないか。そう思わざるをえず、この（そもそも極めて非現実的な）計画は頓挫しました。

全卵二個と卵黄八個を卵黄が固まらないよう六〇℃程度の低温調理にかけ、それをやや濃度を高めたダシのかけうどんの上に百目鬼《どうめき》のごとく配置する、という分子調理学的なアプローチを妄想したこともありました。これならまだ殿様や石油王になるよりははるかに現実的なソリューションです。しかしこれも結局、たった一回きりの尊い儚さを放棄するという意味では同じことです。そして「百目鬼のごとき月見うどん」は、あまりにも美しさと情緒に欠けています。

しかしそうやって一周回って気づいたのですが、最初の一口を堪能した後の月見うどんがつまらないものであるかと言うと、全くもってそんなことはないのです。残された卵黄はあっという間に全体に拡散し、最初透明だったダシは白濁します。ダシ全量を二〇〇～三〇〇CCとすると、卵黄の成分比率はせいぜい五%程度ですが、味わいははっきりと変化します。ブラックコーヒーにほんの少しの生クリームを落としただけで、味わい、特にまろやかさが劇的に変化するのと同じです。さらに、生の状態では決してそれ自体がおいしいとは言えない卵白も、時間経過によりいつのまにか白くふわふわの鰯雲のような別の魅力的な食べ物に変化しています。

情熱的な最初の一口を尊い思い出として反芻《はんすう》しながら、その後の穏やかな長い時間を安らかな気持ちで過ごしていく。それは喩えるなら、熱情の時期を経て後、永く連れ添うカップルのような営みなのかもしれません。月見うどんにおける殿様的なアプローチや分子調理学的なアプローチが必ずしも幸福をもたらすとも限らない、というのはもしかしたらそういうことなのかもしれないですね。

一九六五年のアルデンテ

スパゲッティナポリタンには何故かいつもお約束のように「懐かしの」という枕詞が冠されます。これいったい誰にとって懐かしいんだろう、という疑問に駆られるのは僕だけでしょうか。僕自身は子供の頃から家でも外食でもナポリタンというものをほとんど食べたことが無く、この料理に対しては特に思い入れも無いのです。もっと若い世代にとっては、むしろ「茹で立てアルデンテ」のイタリア風パスタの方がよほど子供時代の思い出と密接に結びついているかもしれません。

コンビニのパスタコーナーを眺めていると面白いことに気づきます。そこに定番として並んでいるのは、ナポリタン、ミートソース、たらこスパ、和風きのこパスタ、カルボナーラ、ペペロンチーノ、といったところでしょうか。さらに

「他とはちょっと違うんですよ」とでも言いたげな小洒落たイタリアンカラーのラベルが貼られた「本格生パスタ」なんかも並んでいます。つまりここには、この半世紀の各時代でそれぞれ一世を風靡したスパゲッティがずらり勢揃いしているんです。

日本においてスパゲッティほど時代によってその実態が変化していった食べ物もそう無いかもしれません。日本人にとって懐かしいスパゲッティとはナポリタンに限ったものではなく、世代や育ってきた環境によりそれは様々なんじゃないでしょうか。

僕にとって懐かしいスパゲッティはなんと言っても「ミートソーススパゲッティ」です。最近のイタリアンレストランでは「ボロネーゼ」という名が冠され、フライパンでチーズと共に麺と褐色のソースがしっかり一体化されたものがすでに主流ですが、ここで言うミートソースはもちろんそれではありません。パツッと茹でられたスパゲッティがまずそれだけで皿に盛られ、その中心部に上から赤いミートソースがかけられているアレです。

スパゲッティには、麵同士がくっつかないようにという配慮もあって少量のバターが予め塗《まぶ》されていました。フォークで大きく麵を巻き取ると、ミートソースの特徴的な香りを押しのけるように先ずはそのバターの香りがふわりと立ち上ります。そこでまずうっとりしながらいよいよソースの絡まったスパゲッティを頰張ると、口いっぱいに広がる挽き肉とトマトの濃厚で甘酸っぱい味わい。上から振りかけられていた刻みパセリはそれ単体ではちょっと苦手でしたが、ソースと一体化したらなんとか食べられるというだけでなく、むしろそれあってのおいしさであることに気づく、というのは子供にとってはなかなか高度な体験でした。

そんなミートソースの時代のある日のことです。母親が不在の昼飯時、父親が「うまいスパゲッティを作って食わせてやる」と、大鍋に湯を沸かし始めました。湯がグラグラと沸き立つと、そこにバサバサと塩を入れ、スパゲッティをパラパラと放射状に投入しました。そこまでは母親がいつも作るミートソースと同じ光景です。しかし同時にそこには大きな違いもありました。ソースらしきものが用意される気配は微塵も無いのです。

そのかわり父親は冷蔵庫から一摑みほどもあるバターの大きな塊と、紙筒に入った粉チーズを取り出しました。そして鍋の中のスパゲッティの硬さを慎重に確認した後それをシンクに置いたザルに一気にあけると鍋をすぐコンロに戻し、そこにバターの塊をそのまま全部放り込みます。子供心にも不安になるようなバターの量です。そしてすかさずザルのスパゲッティを鍋に戻し、粉チーズもあるだけ全部振りかけ、グルグルとかき混ぜた後、それを二つの皿に山盛りに分けたうちのひとつを「急いで食え」と僕に渡しました。

食卓につくのももどかしくすぐにそれを食べ始めた僕は、咽せ返るようなバターの香りと口の中で跳ね回る硬いパスタの意外なおいしさに悶絶しながら、言いつけ通りあっという間にたいらげました。

食べながら僕はあることに気づいていました。そういえばこのスパゲッティの作り方、本で読んだことがある！　その本とは伊丹十三《いたみじゅうぞう》さんの『ヨーロッパ退屈日記』です。後に映画監督としても有名になる伊丹十三氏が、国際的な俳優として活動し始めた時代にヨーロッパで体験したあれこれを綴ったエッセイ集。当時、僕は父親の書棚から自分も読めそうな本を勝手に引っ張り出して読むのが常でしたが、それもその中の一冊でした。表紙もすっかり擦り切れたその本に書かれていた内容は、食に関すること以外にもヨーロッパ本場のファッションやスポーツカー、映画などに関するあれこれ。正直、小学生の自分には何がなんだかさっぱり理解できてはいなかったのですが、なぜかその文章のひとつひとつに妙に心惹かれるものがあり、何度も繰り返し読んだ本でした。

例えばその本の中には、著者がヨーロッパの社交界で聞いた「気の利いたジョーク」の章もありました。書いてあることはわかるんだけどその何がどう面白いのかさっぱりわからない。そんな感覚も含めて楽しんでいたと思います。食べ物に関する文章は、ファッションやスポーツカーよりはまだ自分でも想像可能な範疇にありましたが、それでもそれは「アーティチョークをたっぷり時間をかけて楽しむ食べ方」だったりして、そもそもアーティチョークなんて見たことも食べたこともなかった日本の小学生にとってはもはやファンタジー。件《くだん》のスパゲッティの章では「アルデンテ」という言葉を初めて知りました。僕が生まれるよりさらに前、一九六五年に書かれたアルデンテということになります。スパゲッティそのものもバターも粉チーズもそれなりに身近なものではありましたが、そこで語られていたそれはやっぱり僕にとってはファンタジーでした。父親のふとした気まぐれで、その時そのファンタジーが実存として目の前に現れたのは、ずいぶんと印象的な体験でした。

いっぺんにこの「ヨーロッパ退屈スパゲッティ」が気に入ってしまった僕ですが、その後我が家の食卓にそれが再び登場することはありませんでした。家で父親が作る食事を二人で食べるという機会はめったに訪れることはありませんでしたし、それを母親もいる時にリクエストする、というのはなんとなく憚られたのです。母親がせっせと玉ねぎを刻んで時間をかけてこしらえるスパゲッティミートソースもやっぱり相変わらずとてもおいしく、それで十二分に満足していたということかもしれません。

でもそのスパゲッティミートソースを食べる時にいつも最初にふわっと立ち上るバターの香りを嗅ぐと、その度に「またあれ食べたいな」とふと思ったりはしたものです。そして後に一人暮らしを始めて最初に作った料理のひとつがこれでした。今でもたまに作ります。チーズだけは紙筒の粉チーズではなく、削り立てのパルミジャーノ・レッジャーノなんていうこましゃくれたものになりました。そしてそのことによってそれは、半世紀以上前に伊丹十三氏がイタリアで食べていたであろうそれとほぼ完全に同じ味に到達しているのではありますまいか。

サンドイッチの薄さ

昭和の時代を生きた年代の方ならうっすらと記憶しているかもしれませんが、かつて日本のサンドイッチは今よりずっと薄かったのです。

きゅうりサンドはきゅうりだけ、ハムサンドはハムだけもしくはせいぜい一緒にスライスチーズが挟まってる程度、たまごサンドやツナサンドも今のように具がたっぷり挟まってるわけではなく、パンにごく薄く塗り広げられているだけでした。ハムサンドやツナサンドに一緒にレタスやトマトなどが挟まれていることもなく、基本的に具はパン一組につき一種類。

サンドイッチはあくまで主食としてのパンを食べるためのもので、そのために僅かな具の味の助けを借りる、というその当時のサンドイッチの概念は、例えば中心に梅干しがひとつだけ入ったような昔ながらのおむすびに近い感覚だったのかもしれません。それでも遠足や運動会のお弁当がおむすびではなくサンドイッチだったら、なんだかちょっと嬉しくて、周りの友達に対しても少し誇らしいような気持ちになったのを覚えています。

そんな子供時代のある日、衝撃的なサンドイッチに出会いました。親族一同でどこかに旅行に行く、特急電車の車内だったと思います。当時まだ田舎では珍しいバリバリの「キャリアウーマン」だった叔母が、お気に入りのお店のサンドイッチを買って用意してくれていたのです。サンドイッチというだけですでにテンションが上がっていた僕ですが、包みを開いた中身を見て驚愕しました。人生で初めて出会った「分厚いサンドイッチ」だったのです。今思えばそれは、最近の分厚いサンドイッチとも少し様子が違っていました。パリパリのレタスや何重にも重ねられたハムが挟まっているようなタイプではなく、マヨネーズで和えたきゅうりとツナ、とか、ポテトサラダ、たまごサラダ、なんかのいかにも日本洋食的なマヨネーズ味のサラダ各種がたっぷりと挟まっていたのです。その中に、ロースハムが一枚とキャベツのコールスローがたっぷり、という組み合わせがあり、僕はそれが特に気に入ったのを覚えています。

何にせよそのサンドイッチは衝撃でした。それまで知っていたサンドイッチより中身が多いというレベルではなく、むしろパンより中身が分厚い。五ミリのパン二枚の間に二センチぶんくらいの具が挟まっていたのです。とにかく夢のようなおいしさでした。口の周りだけでなく膝の上までベトベトにしながら夢中でたいらげました。

そのお店の名前は今でも忘れもしない「グルメ」。その後も「グルメのサンドイッチが食べたい、グルメのサンドイッチが食べたい」と何かある度にうわ言のように繰り返す僕を見かねて、後日ついにお店にも連れて行ってもらえました。その時食べたサンドイッチに再び僕は度肝を抜かれます。パンが焼いてある！しかもパン・具・パン・具・パンという初めて見る五層構造！挟まっていたのは、こんがり焼かれたベーコンと、レタスとトマト。当時それがどういうメニュー名で提供されていたかの記憶はないのですが、今ではすっかり日本でもポピュラーになったＢＬＴサンドですね。

「これはオトナの食べ物だ」。子供心にもそう確信しました。そう、当時サンドイッチと言えば若干「子供っぽい食べ物」というイメージもあったように思います。大人は幕の内弁当で子供はサンドイッチ弁当、みたいな。初めてのＢＬＴはそんなイメージも造作なく吹き飛ばす、重厚な風格を漂わせていました。トーストしたパン三枚の厚みは子供の口にはなかなかの難物でしたが、これまた夢中でたいらげてしまいました。

歳月は流れ、令和の今では「パンより中身の方が厚いサンドイッチ」はもはや珍しいものでもなんでもなく、むしろ主流になりました。最近、もはやパンで挟むという形状が維持できないほどの大量の具が挟まったサンドイッチがワックスペーパーの袋にぴっちりと収められた「ラッピングサンド」がちょっとしたブームになったりも。そこまで極端でなくても、普通にコンビニのサンドイッチだって中身の具のたっぷりさを誇るように棚に並んでいます。もはや「具たっぷりでなければサンドイッチにあらず」とでも言いたげな様相で、やはり人々も具が多ければ多いほどいい、と考えているように思えます。一見具がたっぷりに見えるコンビニのサンドイッチが、実はそれは断面だけのことで端の方にはほとんど何も挟まっていないという事実が暴露されて民衆の怒りを買う、みたいな「事件」もよく目にします。

きゅうりだけ、ハムだけ、みたいな昔ながらのサンドイッチは、メジャーな場所ではほぼ絶滅した感すらあります。たまに昔ながらの弁当屋さんの片隅に「サンドイッチ弁当」として所在なげに置かれているのを見ることはありますが、あれはいったいどういう層に支持されているんだろうと不思議な感覚を抱くこともしばしば。

そんな、今となっては完全に片隅に追いやられた昔ながらの薄いサンドイッチですが、実はこれこそが、サンドイッチ発祥の地でもあるイギリスの正統的なサンドイッチであるということをご存知でしょうか。これに関しては、僕が個人的にたいへん気に入っているエピソードがあります。

ある日本人女性が留学先のイギリスで、爵位持ちのご家庭のアフタヌーンティーに招かれた時の出来事です。貴族のアフタヌーンティーですから、ミルクティーと共にスコーンや様々な焼き菓子のほかにサンドイッチも振る舞われました。そのサンドイッチがそれこそ「きゅうりだけ」「ハムだけ」といったイギリス伝統のスタイルだったわけですが、それを食べながらその日本人女性がなんの気無しにこんなことを言ったんですね。

「サンドイッチはもっといろんな具を一度にたくさん挟んでもおいしいんですよ」

しばしの重苦しい沈黙の後、その家のご当主の男性が返します。

「なぜ英国紳士たる私がわざわざそんなアメリカ人風情の真似事をしなければいかんのかね？」


その場に居合わせるのは金輪際ご免こうむりたいシチュエーションですが、他《ひ》人事《とごと》だったらなんとも滑稽かつ味わい深いエピソードです。ご当主氏の融通の利かないある意味前時代的な誇りの持ちようは、確かに滑稽ではあるけど同時に背筋が伸びるような気高さにも溢れています。どうせ頑固ジジイになるならこんな一本筋の通った頑固ジジイになりたいものです。

このエピソードに影響を受けて、というわけでもないのですが、実はここ数年僕自身もシンプルな「薄いサンドイッチ」になぜか妙に心惹かれます。

数年前、生涯でも特においしいと感じたサンドイッチのひとつに出会いました。インド旅行の国内線の機内食で、放り投げるように手渡されたチーズサンドイッチがそれです。ごくありきたりな食パンの間に、スライスチーズが二枚、少しずらして並べられていました。そしてその重なった部分の二枚分のチーズと同じくらいの厚みで、バターが全面にたっぷりと塗られていたのです。たったそれだけの何の変哲もないサンドイッチなんですが、これが抜群においしかった。ちょっと想像してもらうとわかると思うのですが、チーズとバターが同じ厚みで挟まっていたとしたら、それはチーズよりもバターの存在感が圧倒的です。言うなればそれは「バターのサンドイッチ、そこにアクセントとしてチーズが挟まったもの」、だったのです。実はインドは乳製品大国。バターのおいしさはヨーロッパにもひけを取りません。またその時のパンも地味に良かった。日本のサンドイッチ用食パンのような甘めでふわふわしっとりしたものではなく、素朴な粉の味と、決してパサパサではないけどカサッとした軽快な食感。イギリスの食パンとよく似ていました。もしかしたら理想のサンドイッチというのはこういうものなのかもしれない、なんて考えながらしみじみと味わったのです。

そんなこんなで今現在、自分にとって最高のサンドイッチは、巡り巡って「きゅうりだけの薄いサンドイッチ」です。そして必要条件としてそのパンにはたっぷりの辛子バターが惜しみなく塗られていなければなりません。マヨネーズは不要で、よしんば入っていたとしてもそれはバターの存在感を凌駕してはいけません。パンはなるべく甘くなくてカサッとした山型の「イギリス食パン」。残念ながらそのようなきゅうりサンドはどこにも売ってないので、黙々と自作して食べるしかありません。が、これはこの先の生涯でもずっと大好物であり続けるのではないかという確信めいたものがあります。まさに飽きの来ないおいしさ。老後になってもそんなものを食べ続けていたら「おじいちゃん、そんな栄養の偏ったサンドイッチばっかり食べてたら身体に悪いわよ」と怒られる日も来るかもしれませんが、その時は絶対に言ってやります。

「このワシがなぜアメリカ人風情の真似事などしなければならんのかね?」

手打ち蕎麦の困惑

蕎麦打ちを趣味にする中高年男性が増えていると聞きます。仕事一筋に生きてきた男性たちが人生後半で打ち込めるものを見つけるなんて素敵なことだと思うのですが、どうもそのご家族始め世間の評判はあまりよろしくないことも また多いようです。

世間に数多《あまた》ある趣味のうちでも、お金はあまりかからないし、出来上がったものはみんなで食べることができるしで良い趣味のように思えますが、やはり素人がおいしい蕎麦を打つことはそうそう簡単なことではないのでしょうか。もしくは充分おいしかったとしても、あまりにしょっちゅうその蕎麦を食べさせられるのにもうんざりということなのかもしれません。

そう言えば僕が子供の頃にも、親戚に一人そんな「蕎麦打ちおじさん」がいました。おじさんはある時親族の集まりに、自宅で打ち立ての蕎麦を立派な木の箱に整然と並べ持参しました。それを茹でて振る舞ってくれると言うのです。おじさん曰く、これは国産の蕎麦粉一〇〇％でつなぎ無しのいわゆる十割蕎麦で、しかも水を一滴も使わず日本酒だけでこねた「般若蕎麦」というものなのだ、と得意げに解説してくれました。そしてさらに曰く、普段食べているような蕎麦に比べれば少しぼそぼそしているかもしれないがこれが本来の蕎麦というものなのだ、と少し不安を掻き立てられる説明まで付け加えられました。

しばらく後に茹で上がった大量の蕎麦は、おじさんの追加説明を聞くまでもなく確かに見るからに少しぼそぼそしていそうでした。そしてよく見ると太さがかなり大胆に不揃いなだけでなく、長さも不揃いでした。……不揃いと言うか、全体に短い。短いと言うか、約二センチから五センチくらいの細長い物体の集合体という感じで、正直なところもはや「蕎麦には見えない何か」でした。実際食べてみると少しどころではなくひたすらぼそぼそしていました。

親族一同は「さすが手打ちは違うわね」「十割だと香りが良いもんだね」「般若蕎麦というのは初めて食べたけど贅沢なもんですな」などとおじさんの前説をリピートするだけの感想を発しつつ黙々と食べ進めていました。しかし僕は子供心にも「絶対思ってないよなあ」と感じ取りつつ、大人の世界ならではの優しさと窮屈さを知り、自分もまた大人への階段を一歩のぼるのでした。

なかなか箸が進まない僕を見ておじさんは「般若蕎麦というものは茹でる間に酒のアルコールは全部飛ぶからシュンスケくんにもたくさん食べさせてあげなさい」と実に迷惑な提案を繰り出してきました。大人の階段を一歩のぼったばかりの僕は、慌てて蕎麦の大きめのひとかたまりをドボンと自分の蕎麦つゆに沈め、ゴボっと頬張った後「ツユがおいしい」と、ちょっと気の利いた風な感想を述べてみました。「そうかシュンスケくんはツユがうまいか」と、おじさんは少し寂しそうに言いました。「それはカミさんが作った」

どうも失敗したらしい、と僕は悟りました。そのあたりで皆の箸も止まりがちになり、場の雰囲気もアンビエントに傾きつつあります。責任の一端を感じざるを得ない僕は、わざと多めのワサビを投入し咽せてみるなどという小芝居で場をわかりやすく盛り上げてみたりもしました。我ながらよく出来た子供です。

ほどなくして全員の箸がほぼ活動停止した時点で蕎麦は半分以上残っていました。いやむしろ山の一角を切り崩しただけという状態だったかもしれません。その時絶妙のタイミングで家主である僕の祖父が「これだけしっかりした蕎麦なら夜まで置いといてもきっとうまいだろうなあ。おい、しっかりラップをして乾かないように冷蔵庫にしまっておけ」と祖母にきびきびと指示を出しました。さすがに年季の入った大人力です。祖母も心得たもので「あんまり冷えすぎない方がおいしいですかねえ」などとおじさんに確認しながら「野菜室の白菜を外に出せば入るかしら」などと独り言ちつつその高尚すぎる厄介者に素早くラップをかけるのでした。

こうやって子供の自分も含む一致団結したチームプレイで、緊張感に溢れた蕎麦劇場は一応つつがなく大団円のままその幕を引いたのです。

わが親族はどういうわけか食に対して妙にこだわる人が多く、もちろん蕎麦おじさんもその一人でした。このおじさんですが、後年、豚肉を荒縄で隙間なくぐるぐる巻きに縛り洞窟の奥で熟成させるという、いわば日本古来の生ハムとでも言うべきものを郷土の古い文献から発見しその再現に挑んでいました。ずいぶんとレベルの高い変態です。洞窟生ハム作りは文献に詳細なレシピが残っていたわけではないようで、毎年挑戦するもののなかなか上手くいかないという話を聞きました。おじさんは数年前に亡くなりましたが、最終的に成功したのかどうかは結局聞きそびれてしまいました。

ともあれそのくらい食に対してハイレベルなおじさんでも蕎麦打ちに関してはあの惨状でした。蕎麦打ちの道とはそれほどまでに険しいものなのでしょうか。そしてその険しさゆえにあの時のように周囲の人々に緊張感をもたらし常ならぬ気遣いを必要とさせるのであれば、やはり蕎麦打ちを趣味にすることに対しては幾分慎重になった方が良いのかもしれません。

もしかすると最近では素人向けにも蕎麦打ちのノウハウがある程度確立されて、蕎麦打ちを習得すること自体はあの頃ほど難易度が高いというわけでもないのかもしれませんが、少なくとも僕はおそらくこれからも蕎麦を打ち始めることはないと思います。そのかわり、おじさんの遺志を継いで洞窟生ハムの再現に没頭するのはなかなか悪くないような気がします。豚肉と荒縄を両手に抱えてドワーフのように洞窟の奥に入り浸る老後。想像すると結構魅力的だと思うのは僕だけでしょうか。

ヤマモトくんのおやつ、キリハラくんのおやつ

小学校の遠足、それは子供時代の最高に楽しいイベントでした。動物園、科学館、お城、アスレチック施設などなど、行く先がどこかというのももちろん重要でしたが、昭和の小学生にとっては実際のところ「前日のおやつ買い」こそがむしろメインイベントだった気がします。おやつ代は常に厳格に決められていました。上限五百円くらいだったでしょうか。当時の小学生には大金です。普段は駄菓子屋で買い食いすると言っても十円単位、せいぜい五十円程度を惜しみ惜しみ使っていた小学生にとって、一度に五百円フルに使ってその範囲内なら好きなものを好きなだけ買っていい、というのは夢のようなイベントです。

小四の時にヤマモトくんという男子と同じクラスになりました。ヤマモトくん

はクラスでも一番大柄で、どこかムーミンに似ていました。物静かで、いつも穏やかに微笑みを絶やさず、今で言う「癒し系」のキャラでしょうか。真面目で成績も良く、自分から積極的に前に出るタイプではないけど、なんとなくクラス全員が信頼して安心感を抱く、そんな大人びた存在。

その年の遠足の時に、そのちょっとした事件は起こりました。朝からバスに乗って目的地である郊外の公園に着くと、最初のおやつタイム。子供たちは前日のおやつ買いの戦利品を互いに披露します。許された五百円の原資をいかに有効に使うか、その知力をフルに使って組んだデッキの成果がそれぞれの手元にあります。ケバケバしく安っぽいお菓子のパッケージも、五百円分集まれば宝石箱のようなコレクション。早速各所で恒例の「おやつ交換」も始まっています。そんな中、ヤマモトくんがリュックサックから取り出したのは一封の茶封筒のみ。逆に興味を引かれてなんとなく周りに集まるクラスメイトたち。

ヤマモトくんの茶封筒に入っていたのは、炒り大豆、昆布、そして煮干し。クラスメイトたちが色とりどりのお菓子を抱える輪の中で、別に恥ずかしがるでもなく、いつもの穏やかな微笑みを浮かべたままで、一人静かにそれをゆっくりポリポリと口に運んでいました。

当時の小学校というコミュニティの空気感からすると、そのあまりにも地味すぎるおやつは即座にからかいの対象となり、そのままイジメに発展してもおかしくなかったと思います。しかし、彼の普段からの鷹揚としたふるまいや、子供ながらある種の「人格者」のように静かに慕われていた人柄のせいか、そうはならなかったのは本当に幸いでした。逆にみんな彼のことを気にかけて、自分のおやつを次々に差し出します。お互いのおやつ交換においてはシャイロック並みのシビアさで損益を計算する小さな銀行員たちが、そこだけでは突如見せる無償の愛。

ところがヤマモトくんはそれを一切受け取ることはありませんでした。

「ありがとう、でも僕はこれが好きなんだ。いつも食べてる。おいしいよ」


その時のヤマモトくんの本当の気持ちは、当時の僕にはわかりませんでした。今でもわかりません。でもその時、自分が彼のことをとても不憫に感じたことだけは確かです。「僕はこれが好きなんだ」と言った時はなんだか泣きそうになりました。それはもしかしたらとても失礼なことだったのかもしれませんが。

さらに、これはもっと失礼なことだったのかもしれませんが、その悲しい気持ちの先に感じたことはヤマモトくんの両親に対する憤りです。今になって思えば、いわゆる「自然派」「マクロビ」といった信条を持つ人々の走りだったのではないかと思います。当時もすでに着色料がどうこう、保存料がどうこう、みたいな話題が社会問題となっていたことは子供の僕でも知っていました。だからヤマモトくんの両親がそういう問題に対して特に意識的で、彼にそういうおやつしか食べさせないというのはひとつの立派な「教育方針」であることは理屈では理解しました。でもそれじゃあ、と僕は思いました。それじゃあヤマモトくんはあまりにかわいそうじゃないか。

さて、ここから先は完全に余談となるのですが、この遠足ではもうひとつ忘れられない事件がありました。この事件の主はキリハラくん。小動物のようにちょこまかと落ち着きがなく、いつだってひたすらマイペースかつお調子者。勉強している形跡は全然ないのに成績は常に上位、という天才肌の不思議少年でした。おやつタイムに彼がリュックからおもむろに取り出したお菓子はなんと一点のみ。

それは「シルベーヌ」というお菓子でした。

シルベーヌをご存知でしょうか？　当時スーパーのお菓子コーナーで売っていた中では異色中の異色と言ってもいい、生菓子タイプのチョコレートケーキです。当時のパッケージでは、スポンジケーキをチョコでコーティングした三角形のケーキが、丸いトレイに八カット、さながらケーキ屋さんのホールケーキのように並んでいました。異色なだけではなく当時のお菓子コーナーでは間違いなく最高額の高級菓子。キリハラくんはおやつ代の許容額をフルに使ってそれを一点買いしたというわけです。

キリハラくんのこのチョイスは最初みんなの笑いものになりました。みんなは五十円、百円単位で様々なタイプのお菓子を組み合わせてデッキを組んでいます。いかにバリエーション豊かに、量と質のバランスも取りつつ、しかもきっちり端数まで計算を合わせて限度額を使い切るかが腕の見せどころ。そんな中でキリハラくんは、使い慣れない大金を手にした勢いで欲望のままに迂闊な買い物をしてしまった浅はかなバカ、と扱われ、こちらは盛大にツッコまれました。これは、普段から独特のギャグセンスを発揮することの多かったキリハラくんの、身体を張ったボケ、というのが皆の認識でもあったわけです。

ところが、その後驚くべきことが起こります。各自のデッキの披露が一段落し、おやつ交換が始まった瞬間、子供たちは一斉にキリハラくんの周囲に群がります。そうです。普段は食べたこともない高級菓子を、ひと切れだけでもとみんなが欲しがるわけです。しかしシルベーヌは八カット。キリハラくんはそのうち二カットは自分で食べると宣言します。残りは六カット。争奪戦です。完全なる売り手市場の中で、キリハラくんはどんどん交換レートを釣り上げていきます。小さなシャイロックたちももはやキリハラくんに踊らされるばかり。かなりエグめの交換条件でも、シルベーヌを手に入れた子は大喜びです。瞬く間にキリハラくんは時価総額三倍にも及ぶ大量のお菓子を圧倒的に有利な交換によって手にして、それからようやく満足げに、手元に残したふた切れのシルベーヌを、実においしそうに食べ始めました。

ついでなのでさらにどうでもいい余談です。

その数か月後、クリスマスのお楽しみ会で、僕とキリハラくんともう一人サブカル系少年のサクラギくんは三人で人力テクノユニットを組み、オリジナル曲をみんなの前で披露することになりました。楽器は給食室のゴミ箱からくすねてきたトマトケチャップなどの空き缶を組み合わせたポンコツドラムセットとピアニカ。あとは歌とボイスシンセサイザーとボイスパーカッション。

キリハラくんを中心に行われた曲作りで、そのサビは「ウルトラ〜ブス！ブス！ブス！」という、令和の今なら小学生とはいえ即座に大問題に発展しそうな最低な歌詞のリフレイン、曲名もそのままズバリ「ウルトラＢＵＳＵ」。僕は一応女子に配慮して、曲自体はいいと思うけど女子の前でその歌詞はさすがにマズい、ちょっと変えよう、と提案したのですが、キリハラくんは「そういう理由で変えるのはダメなことだ」と、海を越えたロンドンパンクの始祖ジョニー・ロットンのようなことを言って断固拒否。僕は、せめてタイトルだけでも、と「ウルトラプラスティック」というタイトル案を提示し、渋々飲ませました。

そして本番の日を迎えました。軽快なイントロ、ハンドクラップ入りの訥々《とつとつ》としたＡメロからのいよいよ問題のサビ。「ウルトラ〜ＢＵＳＵ！」のフレーズは直前のリハまでは短三度のハモリの予定でしたが、土壇場で日和《ひよ》った僕はそのフレーズを口にすることから逃げ、ハモリはもう一人のメンバー、サクラギくんに任せて「ビヨン ビヨン ビヨョョゥォーン」というアナログシンセっぽい口シンセのフレーズをキリハラくんのメインボーカルにマックスの声量でかぶせて乗り切りました。

終わってからキリハラくんは「あれはすごく良かった」とどこかホッとしたような口調で褒めてくれました。

その後僕は転校し、当時の友人たちとの交流もそこで途絶えてしまいましたが、このキリハラくんがその後いったいどのような人生を歩んだのか、それだけはいまだに気になっています。

ホワイトアスパラガスの所在

昭和のある時期まで、アスパラガスと言えば缶詰のホワイトアスパラガスのことを主に指していた時代があったと子供心に記憶しています。グリーンアスパラはまだ珍しい野菜でした。

そんなホワイトアスパラの時代、レストランで出てくる「野菜サラダ」には、必ずと言っていいくらいその缶詰ホワイトアスパラが載っていた記憶もあります。レタス、きゅうり、トマトといった定番生野菜を下敷きにして、堂々たる主役扱いでした。アスパラガスの脇にはパセリが一房、気の利いた店ならさらにそこに薄い輪切りの玉ねぎやピーマン、それらが木製のサラダボウルに盛り付けられ、脇にはマヨネーズがぽってりと。これが昭和のサラダです。最近ではそういうサラダを見かけることもまずありませんが。

当時、少なくとも子供たちの間ではホワイトアスパラは嫌われ者でした。なぜ嫌われていたのか、今考えてもさっぱりわかりません。柔らかくて、滑らかで、クセもなく、ほんのり甘くて香ばしく、しかもみんな大好きなマヨネーズを付ける棒としての機能も備えています。そう、当時から僕はその缶詰アスパラガスが大好きだったんです。レストランに連れて行ってもらった時はいつも密かに「野菜サラダのアスパラガスが食べたい」という静かな欲望をメラメラと燃やしていました。しかし残念ながら（世の中の大抵の子供がそうであるように）生野菜は嫌いでした。僕はひたすら母親が気まぐれで野菜サラダを頼み、そこからホワイトアスパラだけを掠めとる算段を巡らすしかありませんでした。

時は流れ高校生時代。ちょっとしたおやつを買い食いする程度のお小遣いは自由になった頃、僕は気づきました。スーパーにはホワイトアスパラの缶詰というものが普通に売っており、しかもそれはそんなに高くない。子供の頃結局、大好きなホワイトアスパラを存分に食べる機会を持てないまま来たこの不完全燃焼を、今なら簡単に解消できる！　そんな思いつきを初めて実行したのは悪友たちとの麻雀の場。麻雀の時は各自購入したおやつを持参するのが常でした。麻雀おやつの定番はポテチなどのスナック菓子でしたが、僕だけはホワイトアスパラ缶と缶切りと割り箸を毎回持ち込んだのです。悪友たちには気味悪がられましたが、僕はひたすらご満悦でした。

ちなみに僕が通っていた高校では麻雀が厳禁でした。賭け事禁止という当たり前の理由に加え、金銭を賭けない場合も禁止。どうも過去の先輩たちが麻雀に常軌を逸したハマりかたをして成績をジェットコースターのように急降下させるケースが頻出したからという噂でした。娯楽の極端に少ない田舎の男子校だったのに加え、何かひとつのことにやたらと熱中するタイプの生徒が多かったのだと思います。

我々も御多分に洩れずどハマりしました。最後は雀荘などを利用するのすらもどかしくなり、メンバーの一人の下宿で麻雀を開催したところ、一発で生活指導の先生に見つかり問答無用で全員停学を食らいました。なぜそんなにすぐバレたかというと、実はその下宿というのは生活指導の先生の自宅でもあったからです。何を言ってるかよくわからないかもしれませんが、その時我々はただただ一刻も早く麻雀をやりたい一心で「大丈夫。絶対にバレない。なぜなら昔から『灯台下暗し』と言うではないか」というポジティブシンキングというにはあまりに杜撰《ずさん》すぎる謎のロジックで判断を下してしまったのです。即日停学を食らってさすがに冷静になった我々は、麻雀で成績が急降下するかどうかはわからないが一時的にせよ確実に頭が悪くなる、ということを身に染みて認めざるを得ませんでした。

つい最近、とある和食屋さんのカウンターでの出来事です。僕の並びの席には、男女のお客さんが座っていました。いわゆる「同伴」と思われる、年配の男性と夜のお店の若い女性の組み合わせ。女性の方が突然、「わたしサラダが食べたい」と言い始めました。基本お任せのコース料理中心の店でしたので、お品書きにサラダと名の付くものはありません。しかしカウンターに立つ年配の板さんは「お作りしますよ」と快諾しました。

板さんは、まず小さなボウルに醤油とあといくつかの調味料を合わせてシャカシャカと混ぜ、和風ドレッシングのようなものを作りました。そして腰下の冷蔵庫からレタスときゅうりを取り出し、和食の板前さんならではの鮮やかな包丁さばきでスパスパとそれを切って氷水に放ちます。さらに真っ赤なトマトも半個、まるでマグロの刺身を引くようにスーッ、スーッとくし切りにしました。有田焼の浅鉢に水気をしっかり切った野菜とトマトを小高く整然と盛り付けた後、いつのまにか手にしていたのはなんとホワイトアスパラの缶詰。高校生時代の僕が麻雀しながら食べてたような安くて細いやつではなく、おそらく一番太い高級品です。缶を素早く開けるとそこからアスパラを二本だけ取り出して、根元は贅沢に切り落とし、生野菜に斜めに立てかけるように盛り付けました。小ボウルのドレッシングを控えめに掛け回し、そして脇には当然のようにマヨネーズをチューブから絞り出しました。

器が木製のサラダボウルではなく有田焼の浅鉢である点以外は、完全に、懐かしいあの昭和の野菜サラダです。老練の板前さんにとってサラダとは、昭和の修業時代からずっと「かくあるべきもの」だったのでしょうか。それともそれがすっかり時代遅れであることは知った上で、そのお店の主要顧客である地位ある年配男性たちの郷愁を掻き立てるようなスタイルをあえて堅持していたのでしょうか。それは僕にはわかりませんが、少なくとも、たまにある「サラダ」の注文に備えて、最高級アスパラ缶はその店に常備されていたのです。そしてまな板の上にしばらく置かれたその缶の表面は結露していました。つまりその缶詰はいつ来るともしれない出番に備えて冷蔵庫のどこかでわざわざ冷やされてもいたということです。

缶に最初入っていた極太のアスパラは推定八本。今サラダに使われたのは二本なので残り六本。開缶されたアスパラガスは冷蔵でもっても数日。その間に気まぐれな「サラダ」の注文があと三回入るとはちょっと考えられません。残ったアスパラの大半もしくは全部が、そのまま捨てられるか良くて賄い行きです。勿体ないと言えば勿体ないですが、こういう店ならお客さんの我儘な注文にもしっかり応えた上でそれなりの代金も取るものなので、商売としてはそれでいいのでしょう。そしてまた新しいアスパラ缶がいつ来るともしれない出番を待つために冷蔵庫の奥に格納されるはずです。そうやってこの店の「サラダ」の様式美はこれからもきっと守られ続けるのでしょう。

そんな様子の一部始終を見ていた僕は、すっかりその昭和の様式美サラダが羨ましくなっていました。目分量で手早く作られたドレッシングの味も興味深いですし、鮮やかな包丁さばきでこしらえられた生野菜はそれだけでおいしそうでした。そして何といってもそそられるのは高級極太アスパラガス。しかも、もしもここでもうひとつサラダの注文が入れば、無駄になるかもしれない六本のうちとりあえず二本は救済できます。

「こちらにもサラダひとついただけますか?」と喉まで出かかりましたが、何かが邪魔をして結局言い出せませんでした。何がいったい邪魔をしたのでしょうか。これがもし「しめ鯖」だったら、「あ、こちらにもしめ鯖いただけますか?」と素直に言えた気がします。

隣の席ではしゃりしゃりと小気味良い音を立てて女性がサラダを食べています。世代的にこういうサラダに馴染みはないのかもしれませんが、同時に特に思い入れもないのかもしれません。しばらく淡々と食べた後、「わたしこれ嫌い」と言って、ホワイトアスパラを二本とも残した状態で箸を置きました。

菜っ葉とお揚げさんのたいたん

学生時代から六年ほどを関西、特に京都を中心に過ごしました。京都は僕にとってはとてもしっくりくる「だいたい何を食べてもおいしい街」でした。もちろんまだ若くお金もない頃なのでちゃんとした京料理みたいなものとは全く縁がなかったわけですが、それでも普段食べるなんでもないようなものがいちいちおいしいという実感がありました。

家庭教師のアルバイトは、そこで振る舞ってもらえる食事も楽しみのひとつでした。ある時家庭教師先の夕食の一品で出てきた青菜と揚げを薄味で煮たものがたいそう気に入って、これはとてもおいしいけど何という料理かと尋ねたら、その女子高生の生徒さんは笑って、

「そんなん別に名前とかあれへん。菜っ葉とお揚げさんのたいたんや」

と言います。まさかその十年後に日本全国で流行った「隠れ家和食」などと呼ばれるお洒落風居酒屋の一形態において「おばんざい」や「〜のたいたん」が定番メニューとなることはもちろんその時は知る由もありませんが、とりあえずその時こそが僕がリアルで遭遇した最初の「たいたん」でした。

彼女はちょっと嬉しそうに、

「きのうお母さんがいはらへんかったからこれわたしが作ってん。残り物や」

と言うので作り方を尋ねると、

「おだしと、ちょっとだけお醤油、あとは菜っ葉とお揚げさん入れるだけ。あっという間や」

とのことでした。世の中にはこんな簡単でおいしいものがあるもんだなあと感心しつつ「お母さんがいはらへんとき手早く菜っ葉を煮る京都の女子高生」というのはなかなかいい物語だなあ、と変な感心の仕方もしていました。

ちなみに、その後ほどなくして何軒か掛け持ちもしていた家庭教師のバイトはそのお家も含めて全部やめました。どうも自分は人に何かを教えるのが下手くそかつ自分にとっても途方もなくストレスだと気づいたからです。その後は、時給としてはその四分の一の飲食店バイトに明け暮れ学業はひたすらおろそかになっていくのですがまたそれは別の物語。

京都ではなぜかいつもやたらとうどんを食べていました。主な理由は安くて腹が膨れるからだった気もします。学生は麺二玉でも同額で、プラス二百円程度でかやくご飯とちょっとしたおかずが付く、みたいな店が結構ありました。

ただし安さと量もさることながら、同じかそれ以上に重要だったのは、京都のどこで食べてもうどんは必ずおいしい、特にそのダシがおいしいということだったと思います。一番お気に入りのメニューは「きざみきつね」。甘くない、細く切っただけのそのままの揚げが九条ねぎと一緒にうどんに載ったものです。柔らかく細い麺と一緒にすする、キリッとしてすっきり、かつ芳醇なダシがたまりませんでした。

京都は必ずしも薄味ばかりではない、と言われます。洋食やラーメンなんかはむしろよそよりコッテリ濃いかもしれません。もちろんそういうものも大好きでよく食べました。個人的に忘れられないのが「豚キムチ炒め」です。実は京都発祥という説があることを知ったのはだいぶ後になりますが、学生街の定食屋で初めて出会って衝撃を受けたそれは自炊の定番になりました。なるべく脂の多い豚バラ肉に少量の薄口醤油と生姜を揉み込んで、あとはなるべく酸っぱいキムチを選んでその味だけで炒める、というのが僕の行き着いた最終レシピでした。

学生風情がたかだか数年で出会えた味なんて京都の本当に取るに足らない一部分だけかもしれません。そしていついかなる時も常に空腹な年頃、言うまでもなく「空腹は最上のソース」です。加えて初めて親元を離れた高揚もあったかもしれません。その後、今に至るまで関西とは完全に縁遠くなってしまっているうちに、その記憶はずいぶん美化されている可能性もあります。でもその記憶の中にあるシンプルですっきりとした味わいの数々は、今でも僕の嗜好のかなり重要な部分を占めているのは確かです。

数年前、フードビジネスの業界紙で興味深い記事を見かけました。日本の業務用食品メーカーが作る和風合わせ調味料の味付けが「関東型」から「関西型」に移行しつつある、というのがその大筋の内容でした。

「〜のタレ」「〜の素」というような、主には醤油をベースにした調味料は、大メーカーが主に東京圏に集中していたこともあり、従来はあくまで醤油そのものが味付けの柱でそこにその他の調味料や風味原料を補助的に加えたもの、というような設計だったそうです。それが近年になって大きく変化しつつあるというのです。

その変化とは、醤油が重要なベースのひとつであることは変わらないものの、それよりむしろダシの旨みが設計の中心になり、同時にしっかりとした甘みが加えられ、醤油そのものはその中のあくまでバランスで調整されるようになった、ということでした。

僕自身は自分のお店の料理でこういう業務用商品を使うことはほとんどなかったのですが、そう言われれば確かに、問屋さんから時折お店に届けられるそういう商品のサンプルや、たまに出かける業務用商品の展示会で味見するものなどには確かにはっきりとこの傾向が現れていることに思い当たりました。それだけでなく、普段利用する和食系のチェーン店だったりコンビニ弁当だったりスーパーのお惣菜といったものにも確かにその傾向を強く実感させられました。

僕はこの普段の生活の中で何となく感じていた「なんか最近和食のいろんなものが甘くコッテリしてきてるなあ」という現象を心中密かに「日本の味覚の名古屋化」と定義していました。名古屋の味付けは濃くてはっきりしている、とよく言われます。確かにそれはその通りだとも思いますが、同時に、それは程度問題であって全国の特にチェーン系の飲食店だとか、スーパーで売られるいわゆるナショナルブランドの商品は一斉にそっちの方向に向かってないか？　という印象もあったのです。

そんなこともあって、その記事で現代の日本人の嗜好について「醤油のしょっぱさよりダシ感や甘みを重視する嗜好への変化がある」という点では深く納得しつつ、それを「関西化」と呼ぶのにはかなり違和感も感じたのは正直なところです。少なくとも僕が過去に体験してきたいかにも関西的な味付けとは大きく異なり、むしろそれを駆逐する方向に働いている気がするのです。

かと言って無理に「近年、日本の味覚は名古屋化している！」と主張しても、それは関東の人にも関西の人にも一斉に反発されそうでもあります。名古屋の味は、けっこうみんな好きなはずのくせに、なぜか意味もなく馬鹿にされがちなので……。

関西の味も名古屋の味も、そしてクラシックな東京の味も、結局「みんな違ってみんないい」んです。綺麗事のようだけどそれが真理。ルーツの味を大事にしつつ、馴染みのない味はある種のエスニックのように味わう。それができれば日本中どこにいても幸せではありませんか。

カツレツ贔屓

昔の文豪の小説やエッセイを読んでいると、洋食屋で酒を飲む、というシーンにしばしば出会います。メンチボールやカツレツなどの料理をとってビールをやる、みたいな表現。この、料理を「とる」、酒を「やる」なんていう今ではあまり使われない言葉遣いもどこか風流な味わいがあります。子供の頃から食を扱った本を読むのが大好きだった僕は、そういうシーンにもとても憧れました。

酒を飲むシーンではもちろん洋食ばかりでなく、「湯豆腐をつつきながら」「塩辛を舐め舐め」といった描写も登場しましたが、さすがに子供には渋すぎて感情移入しきれません。実際の生活の中でも大人たちが酒を飲む時は、小皿に載った蒲鉾《かまぼこ》や佃煮をつまみながら焼酎のお湯割りを上機嫌で飲んでるような姿しか見ていません。大人はこういうのが楽しいのか、とは思いつつ、別に羨ましいとも思いませんでした。

しかし洋食となると話は別です。メンチボールって何だろう？ ミートボールのようなものなのかな？ カツレツというのはトンカツとどう違うのかな？ なんだかトンカツより高級そうだぞ、みたいな想像の中だけでもそれらはいかにもおいしそうでした。だいたい子供は洋食が大好きです。僕ももちろん例外ではありませんでした。そしてこれも少なからぬ子供がそうであるように、僕は白ご飯があまり好きではありませんでした。白ご飯はいわば義務。本当はハンバーグやコロッケなどの洋食のおかずだけをひたすら食べたいと夢を描きつつ、そんな横着が許されるはずもありません。

しかし小説の中の大人たちはご飯無しで洋食のおかずだけを食べています。ずるい。ずるいぞ。ビールのおいしさはよくわからないけど大人にとってはジュースみたいなもんだろう。僕は「ハンバーグとオレンジジュースだけ」みたいな食事に置き換えて想像し、ひたすら憧れを募らせていたのです。さらにその大人たちは時に「カツレツとビール」の後に「カレーライス」を追加したりもしていました。僕は悶絶しました。白ご飯は嫌いでもカレーライスは大好物です。好物＋

ジュース、の後にさらに大好物のカレーライス、なんてもはや想像を絶する夢の世界です。

子供の頃は洋食を食べる場というのは自宅かせいぜいファミレスに限られていました。「洋食屋」と言われるような店にデビューしたのは、大学生になって一人暮らしを始めてからです。僕が学生時代を過ごした京都は、実は日本でも有数の洋食のメッカ。しかしここでついに子供の頃からの夢を叶えたかというと、そうは問屋がおろしません。貧乏学生にとって外で酒を飲むというのは、飲み会やらコンパやらの特別な機会を除けばまあまあの贅沢です。そして何よりその頃には白ご飯が大好きになっていました。いや、大好きになったというより、四六時中常に腹が減っている若者にとってそれはむしろ必需品。外でメシを食うにしてもなるべくご飯の盛りが良い店を重点的に選び、また、その希求に応えてくれる学生相手の良心的な店は学生街には至るところにありました。

僕が学生時代に通ったいくつかの洋食屋もやはりそういう店です。ある店はミンチや玉ねぎの他に大量のパン粉をあらん限り混ぜ込んで巨大化した握りこぶし大のハンバーグを、ある店はピラミッドのように積み上がったチキンフリッターを、またある店は掌より大きなチキンカツの上にさらにピザソースと野菜を積み上げチーズをかけて焼いた謎の名物料理を、大量のライスと共に気前よく出し、荒ぶる青春の胃袋を鎮めてくれていました。

そんな学生街のざっかけない洋食屋、その中に一軒、他の店とは少しだけ趣の違う店がありました。店主と思われるコックさんは、真っ白のコックコートに長いコック帽、テーブルには、ビニールの覆いこそあれ紅白チェックのテーブルクロス。箸ではなくナイフとフォークがセットされ、メニューもよくある学生食堂とは一味違いました。学生向けの安価なボリュームメニューもあるにはありましたが、その他にビーフシチューやステーキなどの、学生にはとても手を出せない高価な料理も並んでいたのです。そしてそこには憧れの「ポークカツレツ」の文字も。

初めてその店でカツレツを定食で頼もうとした時、寡黙そうな店主さんは「学生さんならこっちの方がええんとちゃうかな」と別のメニューを指さしました。

そこには「ポークライスグラタン」という見慣れない文字列が。素直にそのリコメンドに従って出てきたそれは、てんこ盛りの、しかし見るからに上品な風合いのチキンライスの上に小ぶりなカツレツが載っかり、そしてさらにその上から真っ白なベシャメルソースがかかった料理でした。その店のオリジナル料理だったようです。「グラタン」とあるもののオーブンで焼いた形跡はありませんでしたが、もちろんそれは何の問題もありません。

いつもの安食堂で食べる定食とはあきらかに異質な、繊細でハイカラな味わいです。それでいて大量のチキンライスは食べ応えも充分、なおかつあっさりとして最後まで食べ飽きないおいしさ。その後もその店を訪れる度に僕はそれを食べることになります。

その店では時々「料理をとってビールでやっている」一人客を見かけました。料理はカツレツであったり牡蠣フライであったり。カツレツにはさらっと薄めのデミグラスっぽいソースがかかっており、付け合わせは千切りキャベツとかではなく人参やブロッコリーなどの温野菜。そのお客さんの物静かで紳士的な風貌もあいまって、昔の小説から抜け出してきたようだな、と思いました。

小説に登場していたカツレツもおそらくはそのようなものだったのでしょう。気になってしようがなかったのですが、それは確かに、それでガツガツと大ライスを食べるという雰囲気ではなく、僕は最後までやっぱりポークライスグラタンの圧倒的な誘惑から逃れることは出来ずじまいでした。

そんな僕も今ではすっかり、洋食屋で自然に「カツレツをとってビールでやる」、そんな大人になりました。もっとも、とんかつではなくカツレツをメニューに置いている洋食屋はそんなに多くはありません。四、五十年以上続いているような古い店でたまに見かける程度。そもそもカツレツととんかつはどう違うのかを知る人もほとんどいないのではないでしょうか。

カツレツととんかつ、店によってさまざまなスタイルもあるのでその違いは曖昧なところもありますが、おおむね、とんかつはたっぷりの油で天ぷらのようにカラッと「揚げる」調理法であるのに対して、カツレツはフライパンで「揚げ焼き」する調理法と言えると思います。カツレツの揚げ焼きにはバターが使われることも多く、それが独特のハイカラな風味を付与します。僕にとってはそこがたまらないポイントです。そしてその調理法ゆえに、肉はさほど分厚くはなく、パン粉も細かいものが使われます。

カツレツの歴史はとんかつよりずっと古いのですが、今ではとんかつの方が圧倒的に人気があるようです。分厚い肉に絶妙に火を通し、コロモはあくまでカラッと、それを追求するために粗く挽いたザクザクの生パン粉が最近ではよく使われます。なにもかもがカツレツの逆とも言えるかもしれません。そしてとんかつは最初から包丁で切られて出てきます。そこに自分で好みの量のソースをかけて箸で食べるわけですが、カツレツは大抵の場合、切らずに出てきて最初からソースがかかっています。そのソースはいわゆる「とんかつソース」ではなくデミグラスソースやレモンバターソースなどのいかにも洋食屋らしい、いやむしろ「西洋料理」と呼ぶに相応《ふさわ》しいソースで、それをナイフとフォークで食べます。とんかつの付け合わせはたっぷりの千切りキャベツがお約束ですが、カツレツの場合は、生野菜だけでなく温野菜やスパゲッティ、マカロニなど店ごとに工夫が凝らされていることが多く、これもまた楽しいポイントです。

そう、僕はとんかつよりもこのカツレツという食べ物の方を圧倒的に深く愛しているのですが、世間ではどうも分が悪い。肉の分厚さやコロモのザクザク感のみならず、とんかつ好きに言わせれば、ソースが最初からかかっているのも気に入らないようです。「せっかくのコロモがフニャフニャになってしまうじゃないか」と言うんですね。そしてそのかかっている古き良き西洋料理調のソースにしても、とんかつソースなんかに比べると幾分ぼんやりした味に感じられる、ということもあるようです。

身も蓋もないことを言えば、カツレツというのはもはや古臭い料理なのかもしれません。お店にとっても、とんかつより調理に手間と時間がかかり、ソースや付け合わせにも余分な手がかかるカツレツを出し続けるより、とっとと人気のあるとんかつに鞍替えした方が賢明な判断なのは明らかです。ですが逆に言えば、何十年もこだわって出し続けている店のカツレツには、確かにこだわり続けているだけの価値があるわけです。それは職人の誇りと言ってもいいかもしれません。僕がついついカツレツの方を贔屓してしまうのには、そんな理由があるような気もしています。

そんなある意味前時代的なこだわりを貫く古い洋食屋さんが、昨今、街からどんどん消えつつあります。多くはお店の方の高齢化、そして後継者が居なくてそのまま廃業ということが多いようです。手間の割に儲からないのが洋食屋。今となっては洋食屋の料理のほとんどは、似たようなものがファミレスやあるいは冷凍食品として簡単に食べられてしまうということも大きいと思います。でもそれは確かによく似てはいるものの、どこかやっぱり別ものだと僕は思います。カツレツのようにファミレスでは再現困難な料理はもちろんですが、デミグラスやベシャメル、タルタルなどのそのお店ならではのクラシックな味わいのソースや、ちょっとした付け合わせの工夫など。決して派手ではないけれど、そこには洋食屋がかつて西洋料理と呼ばれていた時代の、つまりその店が街で一番ハイカラな店だった時代から綿々と続く職人の誇りが今でもしっかり息づいているのを感じます。

馴染みの居酒屋で手酌で一杯、も、仲間と連れ立ってお洒落なバルで乾杯、もいいですが、時には街の中に昔からひっそり佇む洋食屋のこともぜひ思い出してください。かけがえのない文化がそこには確かに存在するのです。

コンソメスープの誇り

古い時代の飲食店のメニューを眺めるのが好きです。特に昭和の高度経済成長期からバブル時代が始まるまでの間くらい。日本が徐々に豊かになっていく時代の中で当時の飲食店は、昔ながらの伝統を引き継ぎつつ新しい試みに積極的に取り組んでいた様子がそこからは見て取れます。それは形を変えながら現代まで引き継がれたものもあれば、いつのまにか歴史の渦の中にひっそりと消えていったものもあります。当時の時代背景やお客さんが求めるものも今とはずいぶん違うのも興味深いところです。

例えば一九六〇年代くらいまでは、鶏肉が高級品でした。牛肉料理が豚肉料理より幾分高価なのは今と変わりませんが、チキン料理はそれより高いことが多かったようです。チキンソテーがポークソテーより高かったり、ビーフカレーよりチキンカレーが高かったりするメニュウ表を眺めているとなんだか不思議な気がします。さらに時代を遡ると卵も高級品です。「フライエッグス」すなわち目玉焼き（おそらく卵二個分）がどうかするとカツレツやメンチカツと同額くらいの堂々たるご馳走です。逆にフィッシュフライは多くの店で最安値のメニューで、肉や卵はご馳走だったけど魚はあくまで庶民的な食材だった当時が偲ばれます。

そんな中でちょっと意外なのは、スープ、特にコンソメスープの値段の高さ。カツレツやハンバーグなどのメインディッシュとほぼ同額くらいだったりします。今の物価に換算すると、コンソメスープ一人前が千円弱くらいの感覚でしょうか。今だったらそれをオーダーするお客さんは誰もいないような気もします。というか、今ってそもそもコンソメスープがメニューに載っていること自体がほとんど無いですよね。せいぜい定食やセットに自動的に付いてくるオマケ的な扱いです。

コンソメスープというと、現代の一般的なイメージでは、顆粒のコンソメをお湯に溶いた限りなくインスタントなものか、せいぜい鶏ガラを煮出したスープでしょうか。それにハンバーグと同じだけの金額を払うことはちょっと考えられません。でも料理に詳しい人はご存知かもしれませんが、元々のコンソメ、特にビーフコンソメはたいへん贅沢な料理で、なおかつシェフの技術が問われる難しい料理でもあるのです。

僕は修業時代に一度だけ、働いていた店の料理長がそんなビーフコンソメを作るところを見せてもらったことがあります。それはまず、牛骨を香味野菜と共にゆっくり長時間煮出すところから始まります。それだけですでに半日がかりなのですが、その後料理長は意外なものを取り出しました。牛肉のミンチです。しかも、脂や筋を丁寧に取り除いた赤身だけの綺麗なミンチ、それを鍋の半分くらいが埋まるほど大量に、煮出したスープに加えるのです。せっかく長時間煮立たせないように取った澄み切ったスープはあっという間に濁ってしまいました。あっけにとられて見ていると、今度は卵白を取り出し、それを慎重な手付きでゆっくりとスープに加えます。そうするとスープは魔法のように再び澄んでいきます。卵白がミンチのアクをすっかり吸い取ってしまうというシカケです。あとはそれを布で丁寧に漉してようやく完成。ごく僅かな塩を加えて味見させてもらったそれは、確かに感動的な味わいでした。牛肉のいいところだけを抽出した、肉そのものよりむしろ濃い「肉の味」の黄金色の液体。コンソメが料理人の腕の見せどころ、というのはこういうことかと完全に納得しました。

納得はしたもののどうしても気になるのは「ダシ」を取るために使われた大量の極上ミンチです。スープ皿に一杯分のコンソメに対してハンバーグ一個分、いや、元はといえば小ぶりなステーキ一枚分の牛肉。目の前で魔法のような匠の技を見せつけられた後でも、それはいかにも勿体なく感じたのが正直なところです。自分が若かったせいもありますが、庶民感覚としては、いくらスープがおいしくてもその肉はできればその形のままで食べたかったと不届きなことを考えてしまいました。

いにしえのメニューで見かけるコンソメスープがどのようなものであったかはもはや確かめる術はありませんが、その堂々たる値付けを見ると、まさにこのように贅沢に作られたものであったであろうこともまた想像に難くありません。いったいどんな人がどんな顔をして飲んでたんだろうと思うと、行ってもたかだか半世紀ほど前の話でしかないのに、なんだかお伽噺《とぎばなし》のようです。

そんなお伽噺のようなお店が、今でも探せばどこかに存在するはずです。実は僕がとても気に入っていてたまに通う、とある下町の洋食屋さんがそうなのです。いや、それは正確に言うと過去形です。僕がその店に出会ったのが数年前、そのさらに少し前にその店ではコンソメスープをメニューから外してしまっていました。その店はなんと大正時代から百年以上続く店。コンソメスープも百年続いた後に、ついにメニューから消えてしまったということになります。今後復活することもまず無いでしょう。だから僕はその店のコンソメスープを一生味わうことはできないのです。

一生無いとなれば余計それがどういうものであったのか、どんな人がどんな顔をして飲んでいたかは気になります。さて、こんな時こそネットの出番です。コンソメスープが消えたのは五、六年前。口コミサイトの古い記事にはその時代以前のものがそれなりにありました。

どきどきしながらその一つ一つを見ていった僕ですが、しかしそれはすぐに失望に変わりました。わざわざコンソメスープを注文してそれについて言及してる人なんて誰もいないのです。そのかわり、ちょっと興味深い情報も得ました。その店では当時ランチサービスの定食に「味噌汁かコンソメスープ」が付いてきたようなのです。ただしレビューを読んでいるとほぼ全員が味噌汁を選択していました。一人だけコンソメスープを選んでいる人がいましたが、残念ながらそのスープの味についてはやはり全く言及がありません。それどころか「味噌汁はお椀にたっぷり、具もしっかり入っているのにコンソメスープは小さなカップに具も無くちょっぴり。味噌汁にすれば良かったと激しく後悔した」とあります。

正直なところ、それを読んで僕はイライラしました。ただでさえ安いサービスランチにしっかりした味噌汁が付いてくるのは確かに嬉しい、それは間違いない。しかし、おそらくスープの方にはそれをはるかに超える熱量が注がれていたはずです。量がちょっぴり、というのがそれを如実に物語っているではないですか！メニューにコックの魂であるコンソメスープを載せていても今時はそれを注文する人はほとんどいない、ならば仕方ない、ランチのサービスで出そう、しかしそこにかかる手間と原価を考えるとこの量が限界、そういうことです。なぜにそういうロマンを君たちは読み取らなかったのか、そんなことだからこのお店は結局コンソメスープそのものを諦めざるを得なくなったではないか、全員正座！　まあその時感じたイライラというのは、そういう身勝手な恨み節ではあります。

その店に僕は、とても素敵なカツレツを目当てに訪問します。個人的に日本で三本の指に入ると思っている絶品のカツレツです。そのカツレツはどんなにお店が暇そうな時でも、注文してから出てくるまで三十分近くかかります。カツレツは手間のかかる料理ですしそれも仕方ありません。しかし、むしろその三十分は僕にとってはありがたい三十分でもあります。なぜならその間に僕はもう一品、前菜を楽しみたいからです。もちろん一杯目のビールと共に。

前菜と言っても今となってはその店の前菜は、ハムやアスパラガスのサラダなど限られた簡単なものしかありません。しかしその簡単なサラダにもやはりどこかにキラリと光る職人の粋が見え隠れします。例えばアスパラサラダはもちろん缶詰のホワイトアスパラが主役ですが、そこに一本だけ茹でたグリーンアスパラが添えられ、しかも手作りのマヨネーズソースと共にフレッシュなフルーツもあしらわれています。まるでイマドキ流行りのフレンチビストロのような、時代が一周回ってお洒落なプレゼンテーション。そういう逸品をスルーしていきなりメインにがっつくのは勿体ない話ですし、また、最高の西洋料理たるその店のカツレツを迎えるにあたって前菜という手順を踏まないのも失礼に感じます。レストランでいきなりメインだけを頼んだりしないのと同じことです。

こんな時、幻の「コンソメスープ」がメニューにあればな、といつも思います。あればきっと、時にはサラダに代えて、あるいはサラダと両方を頼むでしょう。

カツレツを堪能した後、胃袋に少しでも余裕があればライス物まで行っちゃうこともあります。カレーライスやチキンライスなど、昔風の控えめな味付けで、すでにほぼ満腹の最後を締めるにはとても良いあんばいです。できることなら最後デザートがわりにマラスキーノなんかのリキュールを、と思いますが、かつてはいくつか取り揃えていたらしい洋酒やカクテルのメニューは、残念ながら今ではすっかり消えてしまっています。


その店のオーナーシェフである現在のご主人は、代替わりしてからおよそ半世紀。普段は「調理室」と恭しく書かれた木の扉の向こうから出てくることはまずありません。おかみさんが客席の全てを切り盛りされています。お年を感じさせない若々しいそのおかみさんから、たまにその半世紀前の話をうかがうこともあります。僕の注文の仕方を見て、そういう頼み方をするお客さんも最近はずいぶん少なくなった、とおっしゃいます。そして、昔は儲かって儲かって仕方がなかった、なんて話も笑いながらされていたことがありました。当時は従業員も何人も雇って、それでもお金が余るから全員まとめてハワイに連れて行ったこともあるのよ、と。

失礼ながら今のその店には「儲かって儲かって仕方がなかった」当時の面影はありません。来るお客さんのほとんどは、デカ盛りと安さが評判の盛り合わせ定食が目当てです。もちろん大盛りご飯と例の味噌汁も付いてきます。たまに「レトロな店特集」みたいな切り口でテレビなどで紹介されることもあるようで、それを見て訪れる若い人たちはこぞって「オムライス」だそうです。

ちなみにそのオムライスは、デミグラスソース、トマトソース、ホワイトソース、そしてケチャップを選ぶことができます。少なくともメニューにはそうはっきり書かれているのですが、ケチャップを選ぶと必ずおかみさんにたしなめられます。「せっかくウチの店に来たんだからケチャップ以外にしなさい」と。やはりひと手間ふた手間かけた洋食屋ならではのソースをまずは味わってほしい、ということですね。初めて来店してオムライスを注文する若いお客さんの多くがなぜか「ケチャップ」を選んでしまうようで、そのちょっぴり滑稽なやりとりは、その店で意外と頻繁に目にします。

何にしても、そんなところにもやっぱり洋食屋としての誇りが滲み出ているように思えて、たしなめられたお客さんには少々気の毒ですが、僕はその様子を横目で見ながらついニヤニヤしてしまいます。大正時代から続く長い歴史の中で、この店は「西洋料理店」から「大衆食堂」に少しずつ姿を変えていくことで、飲食業界の熾烈な競争をなんとか生き延びました。その中で、守り通したものと諦めざるをえなかったもの。守り通した西洋料理店としての誇りが、料理そのものにも、おかみさんのセールストークにもあらわれています。この店に限らず、そんなロマンに溢れる洋食屋が僕はやっぱり大好きです。

チキンライスの不遇

「オムの卵は一個まで」

かつて京都のとある洋食屋のおかみさんは、きっぱりそう断言しました。この「オム」とはオムライスのことです。オムライスの卵はあくまで薄くなくてはならない。そうでないと卵の味ばかりが勝ちすぎてライスの味がわからんようになる。それがそのお店の哲学のようでした。

オムライスを一度でも作ったことのある方ならおわかりになると思いますが、卵一個でオムライス一人前をくるっと包むのは技術的に至難の業です。フライパン全体に均一に卵を伸ばし広げて、破けることもなく上手に巻ききったら、そのオムライスは薄い卵の向こうにチキンライスの赤がうっすら透けて見えるくらいの儚い料理になります。

その話を聞いた時の僕はまだ血気盛んな若者だったこともあり、「何もそこまでケチらなくても」と思ったのは正直なところでした。昔ならいざ知らず今は卵なんて安いものなんだから、二個でも三個でも遠慮せずにたっぷり使ってくれたっていいんじゃないか？　と。

実際今、卵一個の透けるようなオムライスを出しているお店なんてどこにも無いんじゃないでしょうか。冒頭の件《くだん》の店も今はもうありません。オムライスはどこで食べても卵が潤沢に使われています。

ライスの上に載せた半熟とろとろのオムレツを、ナイフでスーッと切り広げてライス全体に覆いかぶせる、比較的新しいスタイルのオムライスもあります。それが有名になるきっかけとなった映画のタイトルを用いて「タンポポオムライス」とも呼ばれていますね。初めてこれを食べた時は感動しました。目の前で洋食コックさんならではの高度な技術を目の当たりにする、という特別感ももちろんですが、三個か四個は使われたたっぷりの卵が単純に嬉しかったわけです。食べても食べても卵。分け入っても分け入っても卵。卵とライスがだいたい一対一。

卵なんて安いもの、とわかっていても背徳感すら感じさせる幸せのひと時でした。

　このタンポポオムライス、実は誰でも簡単に再現できます。トロッと流れるオムレツを作るには、まず柔らかめのスクランブルエッグ状に卵に火を通した後、フライパンの柄をトントン叩きながらオムレツの形状にまとめていくわけですが、「ライスの上でナイフを入れるという儀式」さえ省略して良いのなら、オムレツにまとめる前のそのスクランブルエッグの状態で直接フライパンからライスの上にそれを滑り落とせばいいのです。それでも味は一緒。僕も一時期、家でオムライスを作って食べるのはもっぱらこの方法に落ち着きました。

　そして誰だってこんな簡単なことにはすぐ気づくわけで、近年、ファミレスやカフェのオムライスももっぱらこのスタイルが主流になっています。薄焼き卵でライスをくるっと包み込むオーセンティックスタイルよりよほど簡単で、調理経験のないアルバイトさんでも失敗なく作れるからですね。

　しかし。タンポポオムライスにしても、その「儀式」が省略された「ふわとろオムライス」にしても、ひとつささやかな欠点があります。食べていてなんだか飽きるのです。最初の一口は確かに背徳的なまでにおいしいのですが、そこから食べ終わりまでひたすらまったりと同じ味が続く。

その点、薄焼き卵で巻かれたオーセンティックオムライスには静かな起承転結があります。紡錘形に巻かれたオムライスの食べ始め、つまり端の部分は卵たっぷりです。チキンライスと卵がほどよいバランスでスプーンの上に乗っかり、後はそれを口に運ぶだけ。しかしそれが中心部分、すなわち紡錘形の一番太い部分に向かうにつれ、卵は貴重になっていきます。特に大きめサイズのオムライスだと、中盤は卵が剝がれきったチキンライスのみの部分を黙々と食べる忍耐の時代を経る必要に迫られることすらあります。

このことはもしかしたらオーセンティックオムライスの欠点と言ってもいい部分なのかもしれません。しかし、今やどこでも食べられるふわとろオムライスの単調さに食傷気味な僕にとっては、いつのまにかそれは欠点ではなく魅力と感じられるようになってきました。中盤のほぼチキンライスのみを黙々と食べる苦難の時代すら愛おしい。いやそれはむしろ苦難ではなく実質的にクライマックスなのではないかとすら思い始めています。卵を伴わないチキンライスはしみじみとおいしい。

オムライスの主役は卵なのかチキンライスなのか。そう問われれば、多くの人が「言われてみれば主役はチキンライスの方だった」と改めて気づくのではないでしょうか。七、八十年前までは牛肉より高級だった鶏肉を主役とし、全世界で愛されるトマトケチャップという完成されたハイカラな調味料と共に日本人の魂である米と合わせた傑作料理がチキンライスだったのです。時代の流れの中で、今となってはありふれた、子供っぽい、ややもするとジャンクなイメージすらありますが、その出自はいにしえの西洋料理として確たるもの。

卵という原始的でありながら極めて説得力の強い食材によって全面的に覆い隠されているがゆえに、そのチキンライスという文明の極みみたいな料理の素晴らしさに想いが至りにくくなっている、それがオムライスの現状なのかもしれません。

そしてそのことに気づいた時、「オムは卵一個まで」という言葉が俄然重みを増してきます。あれは決して、卵がすっかり安くなってしまってもなお過去からの惰性でケチり続けた、時代錯誤な吝嗇《りんしょく》などではなかった、ということ。卵はあくまでチキンライスを引き立てるもの以上の何かになってはいけない、という確たるポリシーです。卵の厚みはチキンライスの赤をおぼろげに透過させる薄さでなくてはならないという美学。

チキンライスが、それを覆う卵無くしても一品として成立する料理である、ということを現代の日本人はすっかり忘れてしまっているかもしれません。

一品料理としてのチキンライスと言えば、池波正太郎《いけなみしょうたろう》さんを思い出します。池波さんは少年の頃株屋の小僧として働いており、その当時に銀座の資生堂パーラーで食べていたチキンライスのことをエッセイの中で述懐していました。そのチキンライスは銀の蓋付き容器で配膳され、それをテーブルでボーイが恭しく白い皿にサーブしてくれた、という描写でした。それを初めて読んだ時は僕も、「たかがチキンライスごとき」をそんな大袈裟に提供していた時代があったんだな、という、ある種の滑稽さのようなものを感じたのが正直なところでした。しかし今では決してそうは思いません。

確かに鶏肉はいつのまにか庶民的な安い食材の代表格になったし、ケチャップは世の中に広まりすぎてすっかり陳腐な調味料となってしまいました。しかし当然ながらそのパブリックイメージは決してチキンライスの本質的な価値を損なうわけではありません。現にそれを卵で覆い尽くしたオムライスは、いまだに一定の市民権を得ているわけで、その一方でチキンライスはあまりにも不遇な扱いを受けている気がします。「今日のランチはチキンライスだった」なんて話、ついぞ聞いたことがありません。インスタでも見たことありません。パスタや炒飯がランチの主役たり得るならチキンライスだって、と思うのですが。

資生堂パーラーのチキンライスは、なんと今でも蓋付きの銀器で配膳されているらしいということを何年か前に知りました。今やチキンライスが冷遇されていない数少ない場と言えるでしょう。いつか行かねばと思いつつ行けなかったのは、正直僕もまだ心のどこかに「チキンライスごときに」という価値観の滓《かす》がへばりついていたのかもしれません。

正確に言うと、一度だけチキンライス目当てに資生堂パーラーに行ったことはあるのですが、うっかり店頭の「サービスセット」のポスターに目が行ってしまい「チキンライスと蟹クリームコロッケのハーフ&ハーフセット」にしてしまったのです。確かにチキンライスそのものにはありつけたのですが、それは蓋付きの銀器ではなく最初から少量が皿に盛られていました。しかもコロッケとチキンライスは今時のカフェのようなワンプレートで、隣り合わせで一緒に供されたのです。

現代のニーズをしっかり投影する老舗の姿勢にケチを付ける気はさらさらないのですが「完全に失敗した」と思いました。次来た時はしっかり一人前のチキンライスそれだけを、ゆっくり、黙々と、穏やかな心のままで食べ続けるひと時を愉しみたいと思います。薄焼き卵の配分に心を砕くこともなく、傍のコロッケに目移りすることもなく、ただ淡々とチキンライスそのものだけを。

傍に冷えた白ワインのグラスでも置いて、それはなんて豊かな食事風景だろう……。と思いつつその「次回」もなかなか訪れません。まだ心のどこかで「チキンライスごとき」と思ってしまっているのでしょうか。

幕の内大作戦

漫画家ユニット泉昌之《いずみまさゆき》（『孤独のグルメ』で有名な久住昌之《くすみまさゆき》さんが原作担当）の作品に「夜行」という傑作があります。これは、一人の男が夜行電車で一折の幕の内弁当を食べる、ただそれだけを描いた短い作品。作中で主人公はおかずの順番やご飯のペース配分をひたすら真剣に考えつつ食べ進めます。そして最後の最後に思わぬ悲劇が起こるのですが、その衝撃的な結末がどういうものかは読んでみてのお楽しみ、ということでここでは触れずにおきましょう。

とにかく僕はこの作品を読んだ時に主人公に（原作者に？）心の底から共感しました。そうそう！　幕の内弁当を食べる時ってこうだよね！　と。

しかし巻末の解説を読んでたいへん驚いたことがありました。この文庫版の解説は、とある人気女性ミュージシャンによるもの。そこには彼女の素直な感想としてこんなことが書かれていたのです。

「まさかお弁当を食べるのにここまで真剣に考える人がいるなんて思わなかったからとても面白かった」

僕としては、この解説の方のように幕の内弁当を食べるのに真剣に考えない人もいる、ということの方がむしろ驚きでした。いや、驚いたというのはもしかしたら正確ではないかもしれません。むしろそっちが当たり前なのかもしれないということに今更ながらハッと気づかされた、という感じでしょうか。

ここで僕が何を言いたいかというと、こういうことです。

「世の中には二種類の人間がいる。幕の内弁当を真剣に考えて食べる人間とそうではない人間である」

僕自身は当然前者に属します。皆さんはいかがでしょうか？

僕が幕の内弁当を食べるシチュエーションとして最も多いのは、出張帰りの新幹線です。一仕事終えた充実感と開放感の中で何にも邪魔されず楽しむ晩餐は、ささやかだけど確かな幸福のひと時。この時、僕はまず間違いなくホームの売店でビールも買い込みます。なので、幕の内弁当の蓋を開けてまず行うことは、幕の内ならではの多彩なおかず陣営を「ビールのつまみ軍」と「ご飯のおかず軍」に編成するということなのです。

幸い僕は、少量のおかずでライスマネージメント、つまりおかずとご飯をいかに過不足ないバランスで食べ進めるかという調整を行うことに長《た》けた有能な軍師なので、軍の編成にはかなりの自由度を持ち得ます。思い切った物量を「つまみ軍」に投入することもできるし、あえてそうしないこともできるということ。ただしここには一定の定石もあります。例えば、多彩な個性が割拠する幕の内において主役とも言える「焼き魚」は、基本的には常に「おかず軍」の大将として抜擢されます。「佃煮」「しぐれ煮」は言わば副将といったところでしょうか。

「卵焼き」も幕の内弁当に欠かせない要素のひとつですが、それが関西風のだし巻きに近いものなのか、関東風の甘じょっぱいものなのかによって振り分けが変わります。前者であれば「つまみ軍」、後者なら「おかず軍」。僕は、幕の内を食べる時も基本的な日本料理のマナーに則り、おかずは必ず一品ずつ完全に食べ切ってから次に箸を付けることを自らに課しています。つまり一口かじって味見をする、ということは明確な理由がない限りタブー。なので卵焼きの味付けは、見た目や製造者、価格帯、全体のコンセプトなどから総合的に推理する必要があるということになります。

そして安い価格帯の弁当だと、往々にしてそのどちらでもないのっぺりとした卵焼きもどきがペランと入っているだけということがあります。紅白カマボコと重ねられて初期配置されている卵焼きはだいたいそのパターン。これはどちらの軍でも戦力にならないため、進行途中でうやむやのうちに食べてしまって「なかったこと」にしてしまう必要があります。

漬物が「おかず軍」の戦力になり得る力を持ったものかどうかの判断も大事です。例えば僕が苦手中の苦手とする「黄色いタクアン」だったらそれは卵焼きもどき同様、「なかったこと」枠に編成せざるを得ません。逆に、見るからに高品質な大粒の梅干しが配備されていたりすると、戦況が大きく変わります。この場合、極端な話、おかず軍は焼き魚と梅干しの2オペで充分ということになります。まさしく精鋭部隊です。「上等な梅干し」以外に、例えば「きゃらぶき」「小ナスの辛子漬け」などの場合もまた同様に、少数精鋭のエレガントな戦い方を可能にします。

「茄子」はいつだってオールマイティな戦力ですが、煮物の中の一品としてではなく単体で登場した場合、それが煮浸しなどの甘じょっぱい系なのか、ポン酢などの酸味系なのかを判断してよりベターな配備を行いたいものです。これは見た目で判断しづらいので原材料表記のシールを確認するのが確実。こういうこともあるので、弁当の外装のビニールを剝がす時は「絶対に」原材料シールを破かないように細心の注意を払う必要があります。適当に破いてクシャクシャに丸めて捨ててしまったりすると、後で良くても遺跡の土偶、悪いと恐竜の化石並みの過酷な修復作業を強いられます。

ご飯が炊き込みご飯だと、なかなか大変なことになります。この場合は焼き魚すらも「つまみ軍」に編成されるからです。これは嬉しい悲鳴でもありますが、同時に、ビールの物資不足が戦況を悪化させる可能性がある諸刃の剣。

二軍の振り分けが終わったら次は各兵力の出撃の順番を決定していくわけですが、僕の場合は基本的に「懐石料理の流れ」をベースに組み立てを行います。ただしその時にビールの価値を最大に高めることは懐石料理のしきたりよりも優先されます。なので本来ならば最後に登場するはずの「揚げ物」は、あまりにもビールに合いすぎるという才能を買われ、大抵の場合、序盤に繰り上げられます。

また一般的な幕の内弁当の構成上、本来の懐石ならばこれもまた終盤に登場するはずの「野菜の煮物」を前菜的に扱うことが多くなります。というのも弁当には「お造り」や「胡麻どうふ」などの瑞々しい前菜は欠員であることが基本だから。そして、焼き物は前述の通り、終盤でご飯と共に。

有名和食店「賛否両論」の店主でもある料理人の笠原将弘《かさはらまさひろ》さんがかつて、夏場の和食コースは料理の順番を逆にする、ということを提唱されていました。夏場はビールから食べ進めるお客さんのために揚げ物を先、その後日本酒に切り替えることを想定してお造りを後半、といった感じで料理の順番を全体的にひっくり返すという、いわば「逆懐石」です。僕が幕の内弁当を食べる順番は、通年むしろこの逆懐石に近いスタイルかもしれません。

とは言え、やはり節目節目では日本料理の伝統に対するリスペクトは忘れてはいけません。例えば「甘く煮た豆」は、現代の感覚としてはデザート代わりに最後にと考えてしまいがちですが、これは古いスタイルの日本料理の伝統に則り、何よりも最初に手を付けることにしています。これはお茶会の作法を受け継ぐものでもあるのですが、まあ本音を言うと僕にとってはこれも「無かったことにして片付ける」という作戦行動の一部であったりもします。

といったような一連の流れを、弁当の蓋を開け、ビールを一口二口飲みながら十五秒から長くても三十秒の間に判断して計画を立てる必要があります。そしてあくまで意思固く計画通りに遂行することが、一折の弁当の価値を最大限に高めることを努努《ゆめゆめ》忘れることなかれ。しかし、思わぬ戦況の変化が突然訪れて臨機応変な計画変更を迫られることもまたしばしば。薄味かと思っていた煮物が実は極めてご飯を誘う味付けだった、ワゴンにビールを積んだ補給部隊のお姉さんが到着してしまった、ヒレカツだと思って大事にとっておいたものが玉ねぎフライだった、など、まったく世の中何が起こるかわかったものではありません。

かくの如く、幕の内弁当は難しい。実に難しい。しかし難しいからこそ、そのひと時は至福なのです。

史上最高のカツ丼

東京郊外で半年ほど住んでいた街の駅前に、軒の傾いた蕎麦屋がありました。普通「軒が傾いた」と言えば、建物が老朽化していることの比喩であったり、それがさらに転じて商売が成り立たなくなりつつあることの言い換えだったりすることが多いのではないかと思いますが、その蕎麦屋は実際、物理的に軒が傾いていました。通りの反対側からその店を眺めると、まるで下手くそなデッサンのように建物全体が歪んでいたのです。

そのことも相まって、外から見ると営業しているのかしていないのかすらもよくわからない、入りづらいことこの上ない店でした。しかしその小さな駅前の商店街では他の蕎麦屋があるでもなく、僕はある日、意を決してそのくたびれ果てた暖簾を潜ったのです。ちなみにその暖簾の「くたびれ果てた」もまた決して比喩ではなく、歴史博物館のガラスケースに収められていてもおかしくないような、もはや骨董の域すら超えたものでした。

中に入ると存外小綺麗だったのには少しホッとしましたが、まだ昼飯時なのに先客は二人しかいません。物理的にだけでなく経営的にも「軒が傾いている」のではないかと心配になります。しかし小綺麗なのは客席だけではなく、カウンター席が取り囲む厨房の中も、年季は入っていましたがきちんと整えられ、全体に黒光りする料理道具が整然と並んでいました。その中で、浅い打ち出し鍋に斜めに木の取っ手が付いた丼用の鍋が五個ほど傾《かし》げて重ねられているのが目に留まり、僕はその時発作的に蕎麦ではなくカツ丼を注文することにしたわけです。

建物の外観はともかくその内部は念入りに整えられたこの城。その本丸たる厨房の真ん中には、白衣に身を包んだ城主が泰然と立っていました。「カツ丼お願いします」と声をかけると、瘦軀《そうく》の城主は、即座に「はい、カツ丼」とだけ手短に返し、作業に取り掛かりました。年季の入った浅鍋を手に取り、そこに濃い醬油色のつゆをひとすくい張り、これまた年季の入った小コンロの火にかけます。そして天ぷら鍋の脇に置かれた三枚の揚げおきのカツから一枚を抜き取りました。僕はこの時点で、カツ丼がこの店の人気メニューかもしれないことを推し量りました。なぜなら、その時点での客入りのペースから判断すると、この店に今日この後来るお客さんの半数近くがカツ丼を注文しないとそれは使い切れない計算だからです。僕は、半ば偶然とはいえ迷いなくカツ丼を選択した己の慧眼《けいがん》に、すこぶる満足でした。

主は冷めたカツを手早く切り分け、つゆが沸き始めた浅鍋に並べ置きます。そして踵《きびす》を返しいったんコンロの前を少し離れた場所で卵を二個、小碗に割りほぐし、そこにはすに切った葱も加えました。その後、卵の小碗を左手に持って再びコンロの前に立った主は、鍋を何度か揺すった後、さらに鍋中を入念に観察し、そして何かを確信したタイミングで卵と葱を流し入れます。そこからはさらに真剣さが増したようにも見えました。手首を返しながら今度は円を描くように滑らかに鍋を揺すります。その後三つ葉を加え、さらに念入りに様子を見極めた後、コンロの火を切りました。

ご飯は、少し意外なことに、陶器の丼ではなく塗りのお重につけられました。その上に浅鍋の中身を静かに移し替えます。そこにはきちんと蓋も置かれました。

「はい、カツ丼」

先ほどと全く同じセリフで、お重と汁椀と漬物の載った角盆が僕の目の前に置かれました。すぐに蓋をとってしまうのがなんだか惜しい気もして、僕はそう飲みたいわけでもないお茶をすすりながら、そのお重の少し剝げかけてはいるけれど手入れのされた蓋の蒔絵《まきえ》を観賞した後、一呼吸置いてその蓋を両手で開けました。迫力もありつつ同時に端正な、見事なカツ丼がそこに現れました。

卵黄と卵白が完全には混ざりきらず、そして火も完全には通りきらず、つまり最も官能的な状態の卵を纏ったカツは、箸で持ち上げると、その衣は、揚げおきだったがゆえにじっとりとつゆを含んで、頼もしい重量感を備えていました。満を持してそれを一口頰張ります。

揚げ物とつゆと卵が、これしかないというタイミングとバランスで邂逅《かいこう》したお手本のようなカツ煮。ただしその味わいは、世間によくあるそれとはまた少し似て非なるものでした。とにかくキリッとしているのです。卵とじ系の丼物につきものの、良く言えば人懐こい甘ったるさとは全く無縁。もしかしたら本来は蕎麦屋であるその店の蕎麦つゆ自体が、いわゆる東京の昔ながらの辛汁然とした甘くないそれということなのかもしれません。

「これは今までに食べたことがあるようで無い、かっこいいカツ丼だ」

そう思いました。そして正直、丼物の甘ったるさが実はもともと苦手だったこともあり、それはハッとするほどおいしかったのです。ただしそれは裏を返せば、たいへんしょっぱいということでもありました。カエシとしてこなれているとはいえダイレクトに感じる醤油味。しかしそれはさほど大きな問題ではありません。そんな時は米をたくさん食べればいいのです。そもそもカツ丼は、大量の米を食べるための料理。そしてそのカツ丼、正確にはカツ重と呼ばれるべきなのかもしれませんが、そのお重には頼もしすぎてややもすると持て余しそうなくらいぎっしりと白飯が詰まっていました。カツに続いてその白飯の一角を、大きく箸で切り取ります。そこでもまた驚きがありました。カツを煮た後のつゆは、カツと飯の接地面を僅かに茶色く染めているだけで、飯にはほとんど浸透していなかったのです。主が念入りに浅鍋を操って最後の仕上げを行っていたのは、きっとこの着地点を見極めていたということなのでしょう。

「ますますかっこいい……」

つゆの染みていない丼物、すなわちいわゆる「つゆだく」とは真逆の丼物、それは問答無用でかっこいいのです。そしてこの点もまた完全に自分の好みでした。しょっぱいカツを齧り、それを追っかけてすぐさま大量の米を頬張り、咀嚼し、口中に隙ができるやいなや次のカツを齧り……あとはひたすらその繰り返しです。持て余すかと思われた大量の米も、最後カツの小片で重箱の隅の米粒を拭いながら、ちょうど良いあんばいでなくなりました。そして僕は確信したのです。これまでの人生で何十杯カツ丼を食べたかわかりませんが、このカツ丼は確実にその中で最もおいしいカツ丼だ、ということを。

念入りに間合いをはかってこしらえられつつも、時代の流れには媚びない、キリッと気高い武士のカツ丼。満腹で、そして気持ち的にもたいへん満足して箸を置いたその時、ガタピシと立て付けの悪い入り口の引き戸が開いて、ようやく次のお客さんが入ってきました。あきらかに常連と思われるその壮年の男は、カウンターの端に無造作に置かれた雑誌の山からスポーツ新聞を抜き取ってから席につき、その新聞を広げながら一言「カツ丼」と発しました。城主は「はい、カツ丼」と二言で返し、あと二枚残った揚げおきのカツのうちの一枚に手を伸ばしました。

このお話はこれで終わりです。本当はこれに続けてしたい話がいくつかありました。今時の丼物がますます甘く、そしてつゆだくになっていく傾向はいかがなものか、とか、昔ながらの東京の味とは、とか、揚げ物の揚げ立てにこだわりすぎることで実は失われていることも多いのではないか、とか。あるいは、老店主の年金に頼って営まれる、手間の割にあきらかに価格が安すぎる個人店の功罪とか、そういう店には後継者が育つはずもなく、高齢化と共に次々と廃業していく問題とか。

でもやっぱりこの話はここでおしまいです。

ただ、軒の傾いた古い店で生涯最高のカツ丼を食べただけの話。そしてもうひとつだけ付け加えるなら、その店はその後ほどなくして無くなってしまった、という無念な話です。

ストイック宅配ピザ

本格的な「ナポリピッツァ」を初めて食べたのは十年近く前になります。当時僕は埼玉県の田園地帯に突如作られた巨大ショッピングモールで、和食店の立ち上げの仕事に携わっていました。そのショッピングモールの同じレストラン街に、石窯を備えたナポリピッツァの専門店もありました。

自分の店のランチのピークタイムが終わり、休憩時間が取れそうな時は、毎回のようにその店でピッツァを食べるのが習慣になっていました。初めて食べたナポリピッツァは、それくらい衝撃的においしかったのです。

パンでも何でも焼き立ての生地というものはおしなべておいしいものです。高温の石窯で短時間で焼かれてその焼き立てのアツアツがものの十秒くらいで目の前に供されるナポリピッツァ、それはその極致とも言えるものでした。

底面はバリッと香ばしく、所々焦げて気持ち良いほろ苦さもありました。短時間で焼かれるためか生地は水蒸気を含んでもっちり、そして生地自体に意外なほどしっかりと塩が効いていて、とにかくそれだけでも充分においしい。そこに極めてシンプルな具材が、こちらもごく短時間の加熱で、フレッシュさを損なわないまま生地と一体化して生地そのもののおいしさを引き立てている。シンプルだから毎日のように食べても飽きない。ピザとは本来こんなにおいしいものだったのか、という驚きがありました。

ナポリピッツァを知るまでは、ピザといえばまず宅配ピザでした。パンのようなふっくらとした生地に、独特な濃い味の「ピザソース」と、これでもかと様々な具が賑やかに載ってチーズがたっぷり蕩《とろ》けている、押し出しの強い食べ物。インパクトのある味とボリューム感は、特に空腹の時には妙に嬉しいものですが、家まで届けてくれる利便性を差し引いても、そのジャンクな印象の味の割には決して安くはなく、あまり自分から積極的に利用しようとは思わない食べ物、そんなイメージです。

ほどなくしてそのショッピングモールにおける僕の仕事は一段落し、その地を離れることになりました。食べたい時にいつでもナポリピッツァが食べられる千載一遇の環境ともサヨウナラです。当時都会ではナポリピッツァの店も徐々に増えていましたが、僕の普段の生活圏内には一軒もありません。

そこで僕が決行したのが「宅配ピザをナポリピッツァのようにオーダーする」という遊びです。「なんとかデラックス」とか「ギガミート」とかのいかにも宅配ピザらしい賑やかなメニューではなく「プレーンチーズピザ」にトマトと、あとせいぜいアンチョビくらいをトッピング注文。とりあえず気分だけはナポリピッツァ、ということです。

そもそも最初から決してあの感動を期待したわけではなかったのですが、これには実は新たな発見がありました。とりあえずそれはそれでおいしいのです。焼き立ての生地はなんでもおいしい、と先ほど書きましたが、宅配ピザの生地だって実は焼き立て。もちろんナポリピッツァとはタイプも違いますし、焼き立て十秒というわけにはいきません。しかしシンプルなトッピングでしっかりその生地を味わうと、それはそれでシンプルなパンの一種としてちゃんとおいしいのです。

ナポリピッツァを通じて、具が載っていないピザのフチの部分（イタリアではコルニチョーネすなわち「額縁」とカッコよく呼ばれます）は、それはそれでおいしい、ということに気がついてはいましたが、宅配ピザのそこ（こちらはあえて「耳」と呼びたいところですが）も、やはりちゃんと味わえば焼き立てパンならではの小麦と発酵の深いおいしさとパリッとした香ばしさがある。それまで宅配ピザの耳の部分に対しては、具沢山の内側部分を食べ終えた後に我慢しながら食べる部分、次の一切れに手を伸ばすためにこなさなければいけないノルマ、といったネガティブな捉え方をしていましたが、なんのなんの、それだけで片付けるには勿体ない滋味深さがあることにも気がついたというわけです。

生地の上に重ねられるピザソースやチーズなども、専門店のナポリピッツァのように特別なものではないかもしれませんが、それは単にあまりに普遍的すぎてありふれたものに感じてしまうというだけのことで、おいしさのために実際果たしている役割としては結局同じことなのではないかということも感じました。

つまりこれは僥倖《ぎょうこう》と言ってもいい出来事。本当においしいナポリピッツァを体験したことで、僕は宅配ピザが元々持っていた良さも新たに発見することができた、というのがこの事件の全貌です。

これに類するようなことはこれまでも度々体験してきました。

例えば僕はかつて、ナンで食べるいわゆる北インド的なインドカレーにあまり興味を持ったことが無かったのですが、ある時「南インド料理」という特殊ジャンルに心から魅了されたのをきっかけにして、その隣接文化として日本で一般的な「ナンとカレー」も、自然とそれは愛すべき対象となりました。

いわゆる昔ながらの日本の洋食みたいなものに対しても、かつてはおいしいもまずいもない、当たり前のように存在するありふれた食べ物、という以上の認識はありませんでした。しかしフランス料理、特にクラシックなそれに「どハマり」した結果、遠いけれど同じルーツを持つジャンルとして、いつのまにかその奥深い魅力の虜となったのです。

閑話休題。そんなナポリピッツァの代替物、という形で始まった宅配ピザの再評価ですが、その後、これをより深く楽しむには、やはりナポリピッツァよりもう少し複雑なトッピングがあった方がベターであるということにも気がつきました。イタリアンソーセージやペパロニ、あるいはピーマンやマッシュルームといった宅配ピザならではの独特な具材を改めて抜擢するようになったのです。何のことはない、それはつまり「なんとかデラックス」の名を冠する宅配ピザの最もスタンダードなメニューほぼそのもの。つまりずいぶん遠回りしつつ最終的に原点回帰に至った、とも言えます。しかし同じものであってもその味わい方、味わう時の心構えはかつてとはまるで違う。少なくともそこからより多くの喜びを得ることができるようになったことだけは確かです。

そんな宅配ピザを注文する時、僕にはひとつのこだわりがあります。ちなみに「こだわり」という言葉はもともとは「つまらないことに拘泥する」というネガティブな言葉だったそうです。それがその後「素材に対する徹底的なこだわり」みたいな感じのクラフトマンシップを褒め称えるポジティブな意味で使われることが多くなりました。ここで言う僕の「宅配ピザ注文時のこだわり」はどちらかと言うと前者、本来のネガティブな方の意味で捉えて読み進めていただく方が良いかもしれません。

さてそのこだわりとは何か。それは「ハーフ&ハーフは注文しない」という固い決意です。ご存知の通り宅配ピザは一枚の半分半分に別のトッピングを載せることが可能で、それは宅配ピザの大きな特徴とも言えるのですが、あえてこの権利は行使しないということです。最近はクアトロと呼ばれる、陣地を四分割したメニューも人気のようですが、もちろんそんなの言語道断。

宅配ピザは一人で利用するケースが多いのですが、その時の注文は基本「Mサイズ一枚」です。注文サイトを見るとMサイズは「二〜三人前」と書いてはありますが、おやつではなくあくまでディナー、これといってタフな前菜やサイドディッシュも無くあくまでピザをメインに食べ進めるとなるとこれがちょうど良いサイズ。本当はLサイズでも問題なくイケる気もしますが大人なのでそれは自重、何にせよ丸々一枚を最初から最後まで同じ味で貫く、というある種の決断がこのこだわりなのです。

なぜそんなことにこだわるのか。

ひとつには美学です。ハーフ&ハーフが「粋」だとはどうしても思えない。

ましてやクアトロに至っては何をか言わんや。宅配ピザという極めてざっかけない食べ物をラフに楽しむにあたって、途中で「味変」などという小技を利用するなどあまりにも小市民的ではないか、と僕の中の貴族が囁《ささや》くのです。自宅で一人で宅配ピザを貪るのに美学も粋もないだろう、と思われるかもしれませんが、すなわちそれこそが（本来の意味の方ですが）こだわりというものであり、人間、そういうものを軽々しく捨ててはいけないと思うのです。

と、強引に正当化してもうひとつの理由に移ると、そこには積極的に「うんざりしたい」という願望があります。どういうことか。丸々一枚のピザを一人で食べていると、さすがに半分を少し過ぎたあたりでちょっと飽きてきます。さらに、厳重に保温されて運ばれてきたピザも、最初の一切れこそアツアツですがこの頃には少し冷め始めてもいます。ここで少し気持ちの切り替えが必要です。飽き始めたのと少し胃がくちくなりつつあることで食べるスピードは急激に落ち始めるのですが、あえてその変化を利用して、ピザをゆっくり噛み締め味わうモードに切り替えるのです。

幸い少し冷め始めたピザはこういう食べ方にも向いています。ぬるい食べ物はアツアツの時のような悪魔的魅力には欠けますが、代わりに味わいの解像度は上がります。食べ始めの時よりじっくりと、より深く詳細に味わえる。そうやって切り替えたモードで食べ進めていくと、なぜかジワジワとそのピザがさらにおいしく感じられてくる。飽き始めて、腹もくちくなり始め、少しうんざりしてもいるのに、なぜかまた一枚、また一枚と食べたくなる。僕はこの不思議な機序を「うんざりブースト」と名付けています。ハーフ&ハーフやクアトロは、この機序の発生をややもすると阻害してしまうことがあるのです。

だいたいの食べ物は、最初の一口が最高においしい。それは確かなのですが、二口目以降その感動がいったん急降下した後しばらくして、うんざりし始めたあたりから再びぐんぐん別のおいしさが立ち上がってくることがあります。それが、「うんざりブースト」。ピザはそのメカニズムを内包した代表的な食べ物のひとつです。

ピザ以外にもこの「うんざりブースト」が楽しめる食べ物は少なからずあります。しかしそれはまた別の物語、いつか話しましょう。

小籠包は十個以上

日本の小籠包屋さんでは、小籠包をあんまり食べさせてくれません。これはランチタイムに特に顕著なんですが、とりあえず目立つメニューには、麺類や炒飯、天津飯などのお馴染みの主食と小籠包三個とミニ杏仁豆腐、みたいなセットが並んでいます。小籠包「三個」って！　と僕はそれを見る度に思います。小籠包三個なんて小籠包を食べるうちに入るのか!?　と。

そんなわけで僕自身は小籠包屋さんで「セットメニュー」を利用したことがありません。ランチメニューを無視してグランドメニューを探します。もしグランドメニューが卓上に無ければ店員さんを呼んで、おそるおそる「夜のメニューも頼めますか？」と尋ねます。この時点でもし「ダメです」と言われたら丁寧に謝して店を出る覚悟もできているのですが、幸いなことにこれまで断られたことはありません。そしてもちろん、オーダーするのは小籠包単品です。合わせてちょっとした小菜を前菜や箸休めとして（半ばお店に気を遣って）追加したりもしますが、目的はあくまで小籠包。それのみ。少なくとも小籠包屋さんにおいて麺や炒飯で腹を膨らませてしまうのはあまりにも勿体ないと考えているわけです。

ひたすら小籠包を食べる算段なので、もちろんそれなりの量を頼みます。小籠包一蒸籠の量が八個の場合、一人の時なら蒸籠二枚、二人連れなら三枚、三人連れなら四枚。そしてこれらの数字には実は確たる根拠があります。

「小籠包は十個からが小籠包」

これが僕の中の鉄のオキテです。なので前記数量が最低ライン。特に二名、三名の場合はこれでは足らないのが普通なので、半分くらい減ったところであと何枚追加するかの協議がなされるという運びです。最終的には一人十五～二十個くらいで落ち着くのが常でしょうか。十五個の小籠包が多いのか少ないのか、小籠包だけそんなに食べたことがない人はなかなかイメージしにくいかもしれませんが、麺や炒飯を食べなければそのくらいはたぶん普通にイケると思います。

個人的にはこれが小籠包専門店における幸福度を最大にする間違いのない方法だと考えています。実際日本以外の小籠包専門店でも僕が知る限りこういうのが主流だと思いますし。しかしここは日本。小籠包屋さんで周りを見渡しても、こういう食べ方をしている人をまず見ることがないのも確かです。少なくともランチタイムでは皆無ですし、ディナーでもとても稀です。だからなのか、オーダーを告げる店員さんにもたじろがれたり、数度オーダーを確認されたり、時には「ちょっと中に確認してきます」と厨房の中に駆け込まれたりします。そりゃ小籠包の仕込みにも予測来客数から割り出した適正在庫があるでしょうから、そこで一人で通常五人前以上の小籠包を消費する人たちがいきなり現れたら計算も狂うこともありましょう。この厨房に駆け込まれる事態になった時は、申し訳なさで消え入りそうにもなりますが、しかしこればかりは譲れません。なぜなら「小籠包は十個からが小籠包」だからです。

どんな料理でも最初の一口は格別なものですが、小籠包の場合特にそれが顕著なのは、その圧倒的な熱さにもあるのかもしれません。慎重に箸を進めないと比喩ではなく火傷する料理。それが小籠包です。小籠包の熱と黒酢の酸味で思わず咽せるのもお約束。そんなわけで最初の三〜四個はただただ夢中です。熱や咽せと戦いつつ、小籠包はつるりつるりと滑らかに喉を通過し、胃の中に入っていきます。もうこのまま永遠に、十個どころか百個でも食べ続けられるのではないか、というファンタジックな錯覚にすら陥る幸せの序章。

いいですか？　ここで思い出してください。セットメニューの小籠包は三個です。つまりセットに甘んじるのは、この幸せを序章で放棄していることに他なりません。

一度だけ、隣席でセットメニューを注文済みの女性三人グループが、我々がうずたかく積み上げている蒸籠を全員目を丸く、口は半開きにして注視した後、店員さんを呼びつけて「八個入りの蒸籠二枚」を追加したことがありました。彼女たちはきっとそれに味をしめて、次回はセットメニューをスルーして小籠包一本勝負に打って出たのではないかと信じています。

さて、五個、六個、七個と、やや熱も落ち着き、黒酢も滴る肉汁や針生姜の水分で少し薄まってきます。少し落ち着いて食べられるターンですが、ここにおいてもまだ「永遠に食べ続けられるのではないか」という錯覚（ファンタジー）はおそらく継続していることでしょう。しかし、この後くらいから少しずつ変化も同時に訪れます。小籠包にたっぷり含まれる「スープ」という名の即ち「ゼラチンと脂の混合物」がようやく胃の中で仕事を開始します。八個、九個目あたりで、少しずつだが腹が満たされていっているのかもしれない、と気づいてしまうのです。

そう、永遠なんてなかったんだ、という現実と否が応でも向き合い始めるのがこの時期です。それは言うなればモラトリアムの終了。なので、十個目を食べたあたりでいったん落ち着きみたいなものが訪れます。「満足」と言い換えてもいいし、それは同時に飽きが始まるタイミングかもしれません。なので潔くここで止めるのも一興です。喩えるなら「学生時代は楽しかったな」と思い出を大事にしながらその後の人生を堅実に生きていくような。もちろんそれはそれでアリだと思います。

アリ、とは言いましたが、実際のところ僕はこの段階で止められた人を見たことがありません。人生は大人になってからの方が楽しいのです。正確に言うと一度だけあるのですが、その時はメンバーの一人が「この後、別の店に担々麺を食べに行きたい」と言い始めました。学校卒業前に就活を放り投げアジア放浪に旅立つような自由人はたまにいますが、差し当たってそんなとこでしょうか。

というわけでここから第二ステージです。満足は言い換えれば飽き、と言いましたが、大丈夫。小籠包の場合、ここで例の不思議な機序が発生します。そう「うんざりブースト」です！　十個を超えて確かに少しうんざりもし始めます。しかしここから小籠包はグングンおいしくもなっていくのです。ここで威力を発揮するのが、小籠包に付きものの「黒酢と生姜」です。この組み合わせはある意味、悪魔的。腹が膨れながら減っていくような感覚がうんざりブーストを強力にアシストします。しかも追加発注分が到着すれば、またあの火傷しそうな熱さも復活。これはある種の「回春」でしょうか。さすが中国四千年の。僕はいったい何を言っているのでしょうか。

おそれ
入りますが、
切手を
お貼り
ください。

読者ハガキ

151-0051
東京都渋谷区千駄ヶ谷3-56-6
(株)リトルモア　行

Little More

ご住所　〒

お名前(フリガナ)

ご職業　　性別　　年齢　　才

メールアドレス

リトルモアからの新刊・イベント情報を希望　□する　□しない

※ご記入いただきました個人情報は、所定の目的以外には使用しません。

ご購読ありがとうございました。
アンケートにご協力をお願いいたします。

voice

お買い上げの書籍タイトル

ご購入書店

市・区・町・村　　　　　　　　書店

本書をお求めになった動機は何ですか。

□新聞・雑誌・WEBなどの書評記事を見て（媒体名　　　　　　　　　）
□新聞・雑誌などの広告を見て
□テレビ・ラジオでの紹介を見て／聴いて（番組名　　　　　　　　　）
□友人からすすめられて　□店頭で見て　□ホームページで見て
□SNS（　　　　　　　　）で見て　□著者のファンだから
□その他（　　　　　　　　　　　　　　　　　　）

最近購入された本は何ですか。（書名　　　　　　　　　　　　）

本書についてのご感想をお聞かせくだされば、うれしく思います。
小社へのご意見・ご要望などもお書きください。

ご協力ありがとうございました。

Little More

いただいたご感想は、全文または一部抜粋のうえ、本の宣伝等に使用する場合がございます。

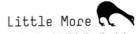

それはともかくそんな感じで二十個くらいまでは案外すんなり行けてしまうものです。さすがに普通の人ならこのあたりで物理的な満腹の限界も訪れましょう。そうじゃないグルマンなタフガイは、あとは好きにしてください。

カツカレー嫌い

カツカレーが嫌いです。

この話を書き始めるにあたって、僕は小一時間悩みました。「嫌いです」と言い切ってしまうのはいかがなものか。せめて「実はカツカレーがちょっと苦手です」くらいの穏やかなトーンで始めた方が良いのではないか、と。

昨今、趣味嗜好に関して「嫌い」という言葉を軽々しく使うべきではない、という意見をよく聞きます。誰かにとって「嫌い」なものであっても、それは他の誰かにとってはとても大切で尊いものかもしれない。その人がたまたまその「嫌い」という感想を目にしたらあまりに悲しいではないか、という論旨。個人的にその考えはもっともだと思います。ネットの時代が産んだ新しい形の優しさだとも思うのです。しかし、と今回、僕は思いました。そうであっても時には、あえて強く言い切らないと伝わらないこともあるのではないか、と。

だからこれは先に全力で言い訳しておきますが、僕は、世の中に数多いるであろうカツカレー好きの人々を否定する気は全くありませんし、カツカレーそのものを否定する気もありません。むしろ僕は本当はカツカレーのことを好きになりたいのです。

昔からカツカレーが嫌いだったわけではありませんでした。いや、より正確に言うと、カツカレーが嫌いだということに気づいたのは比較的最近、せいぜいこの十年以内くらいのことだったようにも思います。

かつてある友人がこんなことを言っていました。

「日本人は、カレーを見ると必ずそこに何か載せたくなる民族なんだよ」

けだし名言だと思います。そしてその「カレーに載せる何か」として、カツは押しも押されもせぬチャンピオンでしょう。そしてそもそも僕はカレーが大好きです。そしてカツも大好きです。大好きなカレーに大好きなカツが載っているなんて、普通に考えれば幸せ以外の何ものでもありません。若かりし日の僕は（おそらく今も昔もほとんどの若者がそうであるように）その幸せな「カツカレー」の吸引力に抗うことはできませんでした。カレーを食べる時、懐具合さえ許せば必ずと言っていいくらいカツカレーを選択していたと思います。カレーとカツカレーのお店での差額はだいたい三百円くらいだったでしょうか。常に薄かった財布と相談し、腹を括ってカツカレーを注文した瞬間の気分の高揚ったらありませんでした。

しかし。今になって思えばその高揚は、思い切って注文したカツカレーの配膳を待つ、その間だけだったような気がするのです。時を置いていよいよ到着したカツカレーを目の前にして、その高揚はまさにピークを迎えます。しかし実際にスプーンを手にしてそれを食べ始めると、なぜかその高揚は急激に衰えてしまう。もちろんマズいわけではないのです。むしろおいしい。すごくおいしい。大好きなカレーと大好きなカツを一度に食べられるのだからそれはおいしいに決まってます。でもそのおいしさは、なぜかその期待を必ず少しだけ下回るのです。食べる前は1＋1が3になるくらいの期待を抱いているのに、実際は1.5でしかない感覚、と言えば伝わるでしょうか。そんな微かな失望と共に食べ進めるうちに今度はなぜかうんざりし始めてしまう。繰り返しますがマズいわけではないのです。

むしろおいしい。でも結局最後までどこか釈然としない思いを抱えたままで食べ終えてしまう。

そんな経験を何度も何度も何度も繰り返してきました。ある意味では失敗。しかしそれを失敗と見做さずひたすら繰り返してきたのは、決してマズいわけではないという厳然たる事実と、大好きなカレーと大好きなカツの組み合わせが間違っているはずはないという強固な思い込みによってだったと思います。

しかし僕はある時気づいたのです。確かに自分はカレーもカツも大好きだ。しかしそのことは必ずしもカツカレーが好きであることを意味するわけではない。むしろカツカレーは嫌いだと認めることこそが正しい認識なのではないか、と。言うなればパラダイムシフトです。この気づきによって僕とカツカレーの関係性は明瞭なものとなりました。

それ以来、僕はカツカレーを食べることをぱったりと止めてしまうことになります。例えばお気に入りの洋食屋さんで、僕はまずカツの単品をオーダーします。状況が許せばビールの一本と共に。それをゆっくりとやっつけた後、おもむろにカレーライスを注文します。これが僕にとってまさしく理想のカツカレーということになるのです。1＋1が1・5にしかならないなんてことは絶対にありません。むしろそのゆったりとした時の流れも加勢して、それは2どころか3にも4にもなるのです。僕にとってのカツカレーとはそういうもので良いのだ、というある種の悟りと言ってもいいのかもしれません。

そんな悟りの時代が少なくとも十年は続きました。しかし。数年前、なぜかふと僕はその状況に改めて疑問を抱き始めたのです。カレーは日本の国民食。その頂点に君臨するのはやはりカツカレーなのではないか。そしてそれは単純な「妬み」でもありました。多くの日本人が愛するカツカレー。それを素直に楽しめない自分は何かものすごく損をしているのではないか、と。そして改めてもう一度、今だからこそ、真剣にカツカレーに向き合うべきではないのか、と。

幸いなことに僕の周りにはたくさんの「カレーマニア」が存在しました。その中には、インドカレーだけではなく欧風カレーやタイカレーなども含めてカレーと名のつく食べ物全てを深掘りしている博愛主義的な人々も少なくありません。

そんな彼らのブログを改めて読み漁ったり、時には直接彼らに「おすすめのカツカレーありませんか?」と尋ねたりして、僕の唐突なカツカレー行脚《あんぎゃ》、カツカレー再発見の旅が始まったのです。

博愛主義的カレーマニア諸氏の薫陶を受けて巡った数々のカツカレーは、確かにどれも素晴らしいものでした。カツカレーにはざっくり分けて二つのパターンがあります。カレー屋さんがカツをトッピングしているものと、とんかつ専門店がカツカレーを提供するパターン。その時のカレー行脚で印象的だったのは、どちらかというと後者の方でした。一般的にとんかつ専門店のカツカレーの多くは、もちろんカツは申し分なくおいしいのですが、カレーはちょっとお座なり、というか特に特徴もないことが多いように思います。しかしカレーマニア諸氏の薦めるとんかつ屋のカレーはどこもさすがに一味違いました。おいしいに決まってるカツと、想像を超えておいしいカレーの組み合わせ。こういう世界もあったのか! という衝撃が確かにありました。

しかし。そういう珠玉のカツカレーに続けざまに出会っても、結局、僕の思いは根本的には変わらなかったのです。

「この当たり前にすごくおいしいカツと、予想を超えておいしいカレー！　できることならそのそれぞれを別々に食べたい！」

カツカレーにおけるカツの配置の仕方やカレーのかけ方には様々なスタイルがありますが、最も一般的なそれは、ライスにカツがのっかり、そのカツに多少の余白を残しつつ上からカレーがかけられているものでしょう。そういうカツカレーのカツを持ち上げると、当然、白飯がむき出しになります。本来であればその白飯はカレーにまみれていたはずなのに、そのカレーは全部カツに持っていかれてしまうわけです。しかもその白飯の表面にはカツのパン粉屑だけが馬鹿にしたように取り残されている。この光景を目にする度に僕はそこに憎しみすら感じてしまう。カツとカレーそれぞれがおいしければおいしいほど、その憎しみは増してしまうのです。

カツカレーが、嫌いです。

天ぬきの友情

先に正直に言っておくと僕は蕎麦音痴です。蕎麦の味の違いがよくわかりません。初夏になり蕎麦屋に「新そば」などと書いた紙が貼り出されたりすると思わずときめいて暖簾をくぐってみたりもしますが、それが普段の蕎麦とどう違うのか正直よくわかっていません。新蕎麦だけに香りが違います！　と言われれば、ああそう言われてみるとそうかもなあと思ったりもしますが、本当に違いがわかっているかは微妙です。

田舎蕎麦と更科蕎麦の違いくらいはなんとかわかります。でもそこに二八蕎麦とか入ってくるともしかしたらわからないかもしれません。というか、十割だろうが二八だろうが更科だろうが僕にとってはわりと「どうでもいい」のです。さすがにそう言うと蕎麦および蕎麦好きの方たちに失礼かもしれませんので付け加えておくと、全部おいしいから別にどれでも良いではないか、という感覚です。そういう意味では家で茹でる乾麺の蕎麦に何の不服もありません。むしろ家でわんさか茹でて、つけ麺で言うところの中盛りか大盛りくらいの蕎麦の山を築き口いっぱいに頬張ってズビズバすするおいしさは、品良く盛られた老舗のせいろより蕎麦自体はむしろうまいのではないかとすら思ってしまう、そんな不届き者であることも白状せねばなりますまい。

その代わり蕎麦つゆには少しだけこだわりがあります。と言っても単に、あんまり甘くなくてなおかつ濃いのが好きっていうだけですが。そのしょっぱ濃いつゆに、落語で聴くように手繰った蕎麦の半分くらいを浸して一気にすすり込むのが好きです。最初に水の味がして、その後すぐに濃い味が追いかけてくる感じがいいのです。

しかしだからと言って、水蕎麦、あれはね、いけません。打ち立て茹で立ての蕎麦を、その蕎麦を捏ねるのに使ったのと同じ、味付けなしの水に付けてすするというのが正式なのでしょうか。いくら正式だろうが通が最後に行き着く究極の食べ方だろうが僕にはどうしても理解できません。降参です。

と、そんな僕ですが「蕎麦屋」は大好きです。いわゆる蕎麦前と呼ばれる蕎麦屋のつまみ、たとえば蕎麦味噌だの串に刺さってない焼き鳥だのをちょいちょいつまみつつ、ゆっくり飲みながらだらだら過ごすひと時が大好きなのです。あと僕は和食で一番好きなのが「丁寧に引いたダシをゴクゴク飲む」というやつなので、いわゆる「ぬき」も欠かせません。だいたい「天ぬき」か「鴨ぬき」ですね。温かい天ぷら蕎麦や鴨南蛮の、蕎麦が入ってないやつのことです。「ぬき」はメニューに書いてないことも多いですが、蕎麦前が充実してるようなタイプの店なら言えばやってくれると思います。蕎麦詳しくないんでもし間違ってたらすみません。あ、そういえば「ぬき」で天ぷらも鴨も何も入ってない汁だけの言うなれば「かけぬき」ってアリなんですかね。本当は僕それでもいい、というかむしろそれがいいんですけどそんなの頼んじゃってもいいものなのでしょうか。蕎麦好きの人誰か教えてください。

そしてもちろん締めは「もり」を手繰ります。そして残ったつゆを蕎麦湯で割って飲み干します。さきほど濃いつゆが好きと言いましたが、これはこの蕎麦湯で割った時にスープとしてのバランスがいいからという理由も大きいです。

蕎麦前でちびちびと酒を飲み、メニューに無い天ぬきを注文し、辛汁に半分浸した「もり」で締め、しかも蕎麦を手繰る時は葱やワサビは絶対につゆに入れず、蕎麦を手繰る合間合間に直接つまみます。言っときますがこれは蕎麦通の真似事をしてるわけではなく、確実にそして単純にその方がおいしいと思うからです。断じて通ぶってるわけではありません。蕎麦とつゆ、仲睦まじい二人っきりの逢瀬を邪魔するなんざあ野暮ってなもんです。そして最後は蕎麦湯です。

どうですか、こうやって書いてると完全に蕎麦好き、蕎麦通みたいじゃないですか。でも実際は全然違うんです。もしも（そんなことは絶対ないでしょうが）締めの「もり」でこっそりコンビニで買った乾麺の蕎麦を茹でて出されたりしても何の不満もなくたいらげて機嫌よく帰っていくでしょう。だいたいさっきから「蕎麦前」だの「ぬき」だの「辛汁」だの蕎麦を「手繰る」だのそういう蕎麦好きのための蕎麦用語を繰り返し使ってるだけで気が引けるやらくすぐったいやらでムズムズします。

しかしそれでもやっぱり蕎麦屋は好きです。蕎麦屋で食べる食べ物が好きなのはもちろんですが、単にそれだけではなく、居酒屋とはまた違う凛とした佇まいや空気感は、なんというか大げさかもしれませんが魂が浄化されるような心地よさがあります。老舗は老舗なりの、新しい店は新しい店なりの魅力がありますし、また来てるお客さんが醸し出す雰囲気もあまり日常では味わえない独特の雰囲気があるように思います。もしかしたら実は蕎麦屋って、ヨーロッパで言うところのカフェみたいなもんなのかもしれませんね。「カフェ感覚で使いこなす、蕎麦屋の愉悦」なんて特集が女性誌で組まれてもおかしくないような気がします。

自宅の近所にもそんな蕎麦屋が一軒あり、しょっちゅうとまでは言いませんが時々通っています。比較的新しい店で、蕎麦職人としてはまだ若い店主さんはとても寡黙で実直そうな方です。

その店に通い始めて最初の頃の話です。その時も僕はいつも蕎麦屋でやるように、ちょっとしたつまみでゆっくり飲んで、メニューに無い天ぬきを追加してさらに飲んで、もりで締めました。もちろん蕎麦は半分しかつゆに付けず、薬味は合間につまみます。そしたら普段お客さんに自分から話しかけてるところなんて見たことないその寡黙な店主が僕に話しかけてくるではないですか。

「蕎麦、お好きなんですか？」

僕はその時あまり考えず反射的に答えてしまいました。

「いや、実はそれほどでもないんですよね」

目が合ったまま一瞬の沈黙の後、店主はまた黙々と仕事に戻りました。

わかってます。僕は完全に間違った答えを返しました。店主にしてみれば「そんな頼み方と食い方しといて蕎麦好きじゃないはありえねえだろうが！」といったところでしょうか。「口下手な俺がせっかくちょっと頑張ってめんどくさそうな蕎麦好きの素人蕎麦談義でも聞いてやるかと珍しく話を振ってやったのにそれかよ！」くらいは思ったかもしれません。少し申し訳ない気もしましたが、今でもそう答えたことを後悔はしていません。それで良かったと思っています。店主さんはあれ以来もう話しかけてくることはありません。しかし僕としては良い関係が築けていると思っています。いやむしろそれはある種の友情とでも言えるかもしれませんし何だったら店主さんも同じように感じているのではないかとすら思っています。

その証拠にその日以来、天ぬきを頼むと時々上天ぷら用と思われる大きな海老が入ってくるようになりました。

ほんとは海老、あんまりいらないんだよね、とはなかなか言い出せないまま今も通い続けています。

食べるためだけの旅

外国でその国の食べ物を食べるのが好きです。というよりむしろ大体の場合において旅の主目的は食べることです。そして基本的に僕は極度のナマケモノかつ出不精なので、いわゆる観光というものが苦手です。博物館など屋内の施設ならまだいいのですが、人里離れた風光明媚な景勝地、みたいなところに出かけるのはどうしても億劫でついつい避けてしまいます。それよりは街中のホテルの周りを散歩する方がずっと性に合ってますし、本当のところは、食事と食事の間は部屋で寝転がってあまり言葉もわからないなりに普段日本ではめったに観ることのなくなったテレビでも眺めたり本を読んでたりしたいと思うことの方が多いのが正直なところです。これはなかなか同行者の賛同を得るのが難しいのは言うまでもありませんし、下手にその「メシ以外はひたすらグータラしたい」という自分の希望を正直に伝えた瞬間「お前はいったい何をしに来たんだ」と頭ごなしに叱られてしまうのもお決まりです。

その代わり、と言ってはなんですが、市場やスーパーマーケットに出かけるのはゴハンを食べるのと同じくらい大好きです。市場でその土地ならではの新鮮な食材を眺めるのはそれだけで気持ちが昂ります。珍しい食材を発見するのも楽しいですし、逆に全く珍しくない、普段見慣れている野菜や果物がその土地でもやっぱり売られているということを確認するのも地味に楽しいものです。同じものであっても微妙に品種が違うのか、色や形、大きさが異なっていたりするとますます興奮します。

インドの、確かハイデラバードの街だったと思いますが、一人の男性がオクラを買っているのを見たことがあります。インドのオクラは形も大きさも日本のものとそう変わりません。ただ日本のものより水分が少ない感じでもう少しパキッとした硬さがあります。そして日本と同様に、もしくは日本以上に人気のある定番野菜です。そのマーケットのオクラは、日本のようにパック詰めされているわけではなく、大きなネット籠にばらのまま大量に入っていました。

男性はそのオクラを慎重に一本一本吟味して買っていました。どのくらい慎重かと言うと、一本を選ぶのにたっぷり十秒以上。すなわち日本なら一パック分のオクラを買うのに二分以上かかることになります。男性の足元に置かれた買い物籠には既に百本くらいのオクラが入っていました。そこまで到達するだけでも結構な時間を費やしていると思われますが、まだまだ選定は続くようです。見ていると彼は、なるべく小さいもの、小さいものをという基準で選んでいるようです。なるほど、インドのオクラは水分が少なく硬いだけに大きく育ちすぎると筋張ってしまいやすいのかもしれません。僕はなんだかとても良い光景を見た気がしてその場を立ち去りました。

小一時間経ってその場所に戻ると、男性はなんとまだ変わらぬ真剣さでオクラを選定中でした。足元の籠にはさっきの倍以上のオクラが溜まっていましたが、まだ選定は続くようです。これだけの量を一度に買うということは、もしかしたらどこかのお店の人なのかもしれません。これだけ真剣に食材を吟味するのならその店はきっととてもいい店に違いないと思い、オクラ選びが終わるのを待って後をつけてその店に行ってみたいとすら思いましたが、まだまだそれは終わる気配もなく僕も次の予定があったのでそれは諦めました。後になってから、せめて強引に話しかけてお店の名前だけでも聞いておくべきだったかと後悔しましたが、ただその時は迂闊に話しかけるのも憚られるような鬼気迫る真剣さに圧倒されてもいました。

街中のスーパーマーケットだと、そこの人たちが普段何をどういう割合で食べているのかということがよりリアルにわかるのが魅力です。特にお惣菜コーナーはどれだけ見ていても飽きません。その国ならではの食べ物がズラリと並んでいることはもちろんですが、例えば欧米でも中華のデリが必ずあったり、インドでもピザが売られてたり、そしてその中華やピザが普段日本で見るそれと微妙に違ってたり同じだったりするのを眺めていると時の経つのを忘れてしまいます。

インスタント食品や冷凍食品のコーナーは、その国の人たちが「手抜きをしてでも食べたいものは何なのか」とか「どこまで味に妥協できるのか」とかいったことがなんとなくわかるという独特の楽しみがあります。ついでにお土産もまとめて安上がりに物色できるので一石二鳥です。

そんな自分なので、その国に滞在している間は毎食その国のご当地料理でも全く苦になりません。これは今のところどんな国でもそうです。というか少なくとも僕の中では常にそれが旅の主目的なので当たり前といえば当たり前なんですが。

人によっては、その国の食べ物が全く口に合わずひたすら日本料理店を探したりマクドナルドで済ませたり、という話もよく聞きます。本人はそれはそれで切実なのもわかりますがやっぱり、なんて勿体ないことを、と思ってしまいます。

ただ正確に言うと、僕も海外にいて日本料理店に行ってみたいという願望は常にあります。ただしそれは「その国でローカライズされた変な日本食を食べてみたい」という願望に基づくものです。なので、同行者との兼ね合いなどで日本料理店に行かざるを得ない時は、日本人経営で日本人の料理人がいそうなちゃんとした店は避けてなるべくおかしな店に行き先が決まるよう密かに画策するのですが、その意図がバレてしまった瞬間に当たり前ですがその計画は頓挫します。

各国でローカライズされた珍和食というのはそれはそれで興味深いものなので、旅先でそういう怪しい店を見かけるとつい入ってみたくなる衝動に駆られることもしばしばなのですが、いざとなるとやっぱりそんなものに貴重な一食を費やしている場合ではない、と思い直して結局ご当地料理をひたすら食べ歩くことになるわけです。来世ではぜひ、一人旅で世界を巡ってその土地の料理には目もくれずそんな珍和食を片っ端から食べ歩いてみたいものだ、なんて思ったりもしますが、でもきっと生まれ変わったら生まれ変わったでやっぱり、その土地ならではのおいしいものやあんまりおいしくないものを嬉々として食べ続けることになるんでしょうね、きっと。

旅行を終えて帰路につく空港では、最後の最後まで意地汚く空港内の食堂でやっぱりご当地料理を限界まで詰め込みます。それまで食べて来た街場の料理に比べたら値段は数倍で味も残念なことが多いのもわかってますが、だからと言ってこのラストチャンスを無駄にする理由は何ひとつありません。空港だとその国の代表的な料理が総花的に揃っていることも多いので、街場でうっかり食べ逃したものをそこで仕上げるということも可能なのはありがたいものです。時にはそんなラストスパート後の満腹状態で搭乗した直後に機内食が出てきてしまうようなこともありますが、そういう時は既に感覚が麻痺しているのでそのままありがたくいただいてゆっくりと心置きなく楽しみます。どんだけ満腹でもそのまま寝てしまえばいい機内食は、まさに最後の晩餐に相応しいボーナスステージなのです。

ビスクの信念

カナダのバンクーバーで出会ったとても印象的なフレンチレストランの話です。その店は港のすぐ近くにある、海の見えるモダンなしつらえのレストランでした。レストランの目の前の港はヨットハーバーでしたが、すぐ近くには漁港もあって、そのお店はシーフードが売りでした。

その店に僕を含む日本人三人とカナダ人一人の四人で訪れたのです。コース料理をオーダーして、ちょっとしたアミューズに続いて出てきたのはオマール海老のビスクでした。海老を殻ごと潰して煮出したスープです。ビスクという料理はだいたいどんなところで食べても濃厚なものですが、その店のものはちょっと他では食べたことのないほど海老の風味もとろみも濃厚でした。そしてそれだけでなくびっくりするくらい塩辛かったのです。

同行者の日本人のうちの一人が、一口するなり顔をしかめました。彼は現地在住のビジネスマンで、この日の会のホスト的な立場だったからというのもあるかもしれませんが、即座に配膳してくれたギャルソンを呼び戻して抗議しました。

「これはいくらなんでも塩辛すぎないか？　シェフは味付けを失敗したのではないのか？」

この時のその若いギャルソンの対応が実に見事だったのです。

「問題ありません」

彼は顔色ひとつ変えずに即答しました。

「このビスクはシェフの自慢料理のひとつです。新鮮なオマールを贅沢に使い、とても濃厚に仕立てるのが特徴です。この濃厚さにはこれくらいの塩気がベストのバランスなのです」

なるほど、それは料理の味付けの基本原則にも則った確かに理にかなった説明です。そして彼はさらに続けました。

「もし塩辛すぎると感じるなら、交互にワインをたくさん飲むといいですよ」

冗談めかして、という感じでもなければましてや言い訳がましいわけでもなく、あくまで真顔での提案でした。

彼の対応はまさにプロの誇りに満ちたものでした。お店がお客さんに伝えたい物語を、自信に満ち溢れた語り口とわかりやすく的確な言葉でまっすぐにわれわれに伝えてくれたのです。そしておそらくこのビスクに関しては今までも幾度となく同じような対応を繰り返してきたのだろうとも思わせるに充分なほど、それは手慣れた印象のものでもありました。

それにしてもこれは、日本ではまず考えられない対応の仕方でもあります。日本ならとりあえずまずは「申し訳ございません」から入るでしょう。その上で「作り直して参ります」となるのか「これが当店の味ですのでどうかご理解ください」というお願いになるのかはケースバイケースでしょうが、どっちにしてもこのようにまっすぐに店側の主張を伝えてくるということはなかなか無いと思います。いやそれ以前の問題として、このようにほとんどの人があきらかに「塩辛すぎる」と感じるようなスープを出し続けるということがそもそも日本ではまずあり得ないでしょう。

この店には確かにシェフやギャルソンの揺るがぬ自信やプライドといったものがあるがゆえにこういった料理を出し続けることができたのだと思います。でも決してそれだけでは無いのではないか、ともその時僕は思いました。料理の味付けに関して、こういったある種の逸脱を受け入れる文化的土壌みたいなものがそもそもあるからこそシェフは「誰も文句を言わない無難な味付け」で手を打つのではなく自分が本当に表現したいものを貫けていたのではないでしょうか。


スープの後に新鮮な牡蠣などの前菜を挟んで、その日のメインコースはハリバットと言われる魚の料理でした。ハリバットというのは大型のカレイの一種で、癖がなく脂の乗った、カナダではとても人気のある高級魚です。

この魚料理がまた驚きでした。

ふっくらと火の通った魚の表面は、焦がしたパリパリの砂糖で薄くコーティングされていました。そしてソースはライムの香りと酸味を効かせたクリームソース。そして先ほどのビスクとはまさに対照的に、その魚自体にもクリームソースにもほとんど塩気は感じられませんでした。

件の若いギャルソン氏は、今度は我々の機先を制するようにその料理の説明を執り行いました。

「この魚はそれ自体がムースのようにとてもソフトでリッチでミルキーです。だからシェフはこれをあたかもデザートのように扱ったのです」

これもまた、豊かな物語を纏った料理だったというわけです。しかも塩というありふれた調味料を軸としてビスクからの見事な伏線回収のようにもなっています。われわれはもう感嘆する以外ありませんでした。

ビスクにしても魚料理にしても、正直なところそれぞれがほどほどの塩加減であってもそれらはとても印象的なおいしい料理だったでしょうし、むしろ黙って出されればその方が「普通においしい料理」としてなら完成度の高いものだったかもしれません。でもそうでなかったからこそ、僕は十年以上たった今でもその時のことを鮮明に思い出します。

たぶん一生忘れることのできないレストランのひとつです。

お伽噺《とぎばなし》の醤油ラーメン

子供の頃、故郷の鹿児島では醤油ラーメンというものを見たことがありませんでした。鹿児島は、福岡ほど有名ではありませんが完全なるとんこつラーメン文化圏です。博多ラーメンとはだいぶタイプも違い、また店ごとの差異が大きかった印象もありますが、スープは基本的に白濁したものばかり。澄んだスープの醤油ラーメンは、テレビや雑誌では何度も目にしたことがありましたが、実物にはとんとお目にかかったことが無かったのです。

ちなみに「三角形のおにぎり」「甘食（パン）」「串に刺さったおでん」あたりも実物を見たことがなく、それらは漫画やアニメなどのあくまでフィクションの中にだけ存在すると思っていました。顔くらいの大きさの巨大な骨付き肉、しかも噛みちぎろうとするとゴムのように伸びる、後に「マンガ肉」という名称で呼ばれることになるアレと同様、あくまで架空の食べ物だと認識していたのです。

しかし「醤油ラーメン」は、少なくとも雑誌などの写真の中にはあきらかに実存していました。鹿児島における普通のラーメン、すなわち白濁したとんこつスープのそれが子供の頃はなぜかちっとも好きじゃなかったこともあり、僕は強烈にそれに憧れました。僕はある時、雑誌にたまたま載っていた醤油ラーメンの写真を親に見せて「こういうラーメンが食べたい」と、直訴しました。しかし父親はキッパリと「ああ、そういうやつはちっともおいしくないぞ」と即座に断言したのです。どうも生粋の鹿児島人にとっては、澄んだ醤油ラーメンなんて邪道以外の何ものでもなかったようです。しかもそのやりとりによってどうもラーメン欲（しつこいようですが当然、あくまでとんこつラーメン欲です）がいたく刺激されたらしく、「今日はラーメンでも食いに行くか」と迷惑な提案を始める始末。僕は「余計な話題を振ってしまった」と後悔しつつ、渋々ついていくしかありませんでした。

鹿児島を離れて学生時代を過ごした京都もまた白濁したこってりラーメンのメッカでした。その後、京都を離れてだいぶ経ってから京都にも醤油ラーメン文化はしっかり存在していることを知ることになりますが、少なくとも当時の生活圏では豚骨鶏骨入り乱れてはいましたが白濁ラーメンばかり。

その頃、テレビのロードショー番組ではけっこう頻繁に『タンポポ』という映画をやっていました。故伊丹十三監督のラーメンを主題にした映画です。ラーメンだけでなくいろいろな食べ物が実に魅力的に描かれた映画で、僕は放映の度に飽きもせず何度も観ていました。

映画は東京の下町がメインの舞台なので、出てくるラーメンはもちろん澄んだスープの醤油ラーメンです。これがまた実に魅力的でした。観終わるとラーメンが食べたくて食べたくて身悶えするような気分になります。学生街のラーメン屋は深夜過ぎまでやってる店が多かったので、いてもたってもいられない気分で毎回自転車を走らせたものです。しかしそこで出てくるラーメンはもちろん白濁した京都ラーメン。「ちょっと違うんだよなあ」と心中ぼやきながらも、まあそれはそれでそれなりには満足しながら、夜中のラーメンをすすったものです。

行動範囲の広がった今では醤油ラーメンもすっかり身近なものになったわけで

すが、最近では自分でも醤油ラーメンをたまに自作するようになりました。と言っても、市販の麺を利用したごく簡素なものです。

簡素とはいえこのラーメン、まずは自家製チャーシュー作りからスタートします。このチャーシューは敬愛する東海林《しょうじ》さだおさんのレシピが元になっています。豚肉の塊を茹でてそれを醤油にドボンと漬け込む、というもの。この時の醤油はあくまで純粋な醤油でなくてはならない、というのが東海林先生の主張です。ついつい醤油に酒や砂糖、ニンニクや生姜を加えたくなるかもしれないけどそれは絶対やっちゃダメ、という我慢勝負みたいなレシピなのですが、これがなぜか抜群においしい。そしてこのシンプル極まりないチャーシューさえ完成すれば僕の醤油ラーメンもほぼ完成したも同然なのです。

スープは取りません。なぜならチャーシューにするための豚肉を茹でた茹で汁がそのままスープになるからです。そしてスープの味付け、いわゆる「カエシ」にはチャーシューを漬け込んだ醤油。あとは茹でた中華麺を入れて、その上一面にスライスしたチャーシューをたっぷり載せれば一丁上がり。そんな雑なラーメンがあるかと思われるかもしれませんが、これは自画自賛ですがちゃんとおいしい。

信じてください。作るのが簡単でかつおいしい、という点もさることながら、材料を一切無駄にせずゴミも出さずミニマルに完結している、という点もとても気に入ってます。

あまりにも気に入ったので各所で得意げに吹聴していたら、幾人かの方から「それは竹岡式ラーメンなのでは」という指摘をいただきました。竹岡式ラーメン、ご存知でしょうか。僕は名前だけは聞いたことがありましたがそれがどういうものかは知らなかったので、すぐに興味津々で調べてみました。千葉県内房地方のご当地ラーメンだそうです。そしてその作り方はその僕の醤油ラーメンと確かに酷似していました。厳密には竹岡式ラーメンの方はチャーシューを醤油ダレで直に煮て、そのタレをスープではなくお湯で割るという違いはありましたが、チャーシューを煮た時の豚肉のダシのみでスープの旨みをまかなうという点も、そこにそのチャーシューそのものがたっぷり載っかる点も同じでした。

しかも竹岡式ラーメンに使われる麺は一見インスタントラーメンのような乾麺というではありませんか。スープや麺に徹底的に「こだわった」ラーメン屋さんが群雄割拠する今、そんな独特すぎるラーメンが一地方で根強い人気を持ち続けているというのは、なんだか現代のお伽噺のようです。

しかしこの竹岡式ラーメン、やはりというかなんというか、世間では賛否両論あるようで、僕はまた別の時、一人のラーメン好きからこんな主張を聞いたことがあります。

「イナダさん、竹岡式ラーメンってどう思います？　ぼくはあれがどうしても許せないんです」

そう彼は言うのです。

「もう随分前からラーメンブームと言われている中で、どの店も徹底的にスープの素材やその抽出法にこだわり、麺のこだわりももちろん、中には趣向を凝らした自家製麺でオリジナリティを打ち出す店さえ現れてきています。具材やカエシも含めラーメン店同士が切磋琢磨してラーメン業界全体の地位を高め、日本が誇るべき文化のひとつとして世界的にも注目が集まるその中でアレはいったい何ですか。スープも取らずにタレをお湯で割るだけ、麺もインスタントまがいの乾麺、あんなものが一部地域とはいえ大手を振ってるのが許せません」

過激な意見ですが、彼の主張もまたもっともです。何よりラーメン愛、しかも業界全体に対する愛と熱意に溢れています。僕は何かが極端に好きな人の過剰な語りが大好物なので、この時も別に嫌な気はせず楽しくこの話を聞いたのですが、その時はそれにうまく返せずなんとなく流してしまいました。なので実は今改めて僕はこの一連の文章を、概ね彼に対してのアンサーとして書いているのです。

僕は結局今に至るまで、本物の竹岡式ラーメンを食べたことがありません。ですがそれはきっととてもおいしいに違いないという確信めいたものがあります。それは自分がたまたま作った竹岡式モドキが少なくともそれなりにおいしいという実感に基づいてますし、またその作り方が実は極めて合理的であることも理解しています。本場の竹岡式ラーメンにはさらに、長年愛され続ける中で到達した絶妙なバランスや癖になる味わいが備わっていることは想像に難くありません。

食べ物の流行る流行らないは決して味だけでは決まりません。それに付随する物語も同じかそれ以上に重要だと僕は思っています。現代のラーメンブームにおいては、作り手の一人ひとりがあたかも修行僧のようにストイックにラーメンを構成する全ての要素にこだわり、原価も存分にかけて、次々生み出される新しい手法も積極的に取り入れ、それを向上させて一杯の「作品」を作り出す、という物語が多くの人の共感を得ているのは確かだと思います。

竹岡式ラーメンが纏う物語は、確かにこういった物語とは真逆にあります。少なくとも主流ではない。でもしかし、と僕は思います。世の中にはいろんな物語があった方がいいじゃないですか、と件のラーメン愛に溢れる彼には言ってあげたいのです。

彼から見たら竹岡式ラーメンは手抜きにしか見えないかもしれません。楽して儲けてるだけなんじゃないか、と。しかしそれは元々手抜きとして始まったわけじゃないし、それこそスープを取る手間つまりコストが無い分、普通のラーメンの価格でチャーシュー麺並かそれ以上の大量のチャーシューを気前良く載っけることができて長年のファンを喜ばせてるわけです。

彼が「インスタントまがい」と評するその麺は、東京の下町の老舗製麺所が昔から作り続けているもののようで、そこにもまた昨今の自家製麺とは方向こそ違え何らかの職人魂が込められているはずです。

そしてよしんば「楽して儲けている」という一面があったにせよ、そのこと自体は何ら責められることではありません。それが長きにわたって店そのものの存続と従業員さんの安定した生活を守っているわけですから。

何にせよ、時流の中で完全に主流から大きく外れてしまったお伽噺のような食べ物が、ある場所だけでひっそりと生き残り、ずっと変わらず地元の人々に愛されているというその物語自体が何より尊いと僕は思うのです。

ともあれ、ラーメンについて考えていると夜中だろうが昼間だろうが確実にラーメン食べたくなりますね。皆さんもどうですか、今から。

レシピ

東海林式チャーシュー「改」とチャーシュー麺

茹でた豚肉をたっぷりの醤油に漬け込んで頃合いを見て引き上げる、という東海林さだおさん考案のチャーシューを、醤油を無駄にせず漬け込みっぱなしでもしょっぱくなりすぎないレシピに改良したものです。

ラーメンスープには茹でた中華麺を入れて、チャーシューのスライスを思う存分たっぷりのせたチャーシュー麺としてお楽しみください。

スープの味が薄ければ醤油を足してください。さらに味の素を足したらお店っぽい味になりますが、あえて薄味のままあくまでチャーシューの旨みで食べるというのも、お家ラーメンならではのおいしさです。薬味として生の玉ねぎを粗く刻んで加えるのもおすすめです。

材料

豚肉ブロック（肩ロースがおすすめ）　300グラム
水　1000cc
ニンニク、生姜、葱　各１片
醤油　50cc

作り方

❶ 鍋に水、豚肉ブロックを入れ、沸騰したらアクをすくい、生姜、葱を加え弱火にして蓋をし30分茹でます。茹で汁はラーメンスープ用にとっておきます。

❷ 茹でた豚肉を鍋から取り出し、あら熱がとれたらビニール袋などに移し、醤油を加えてなるべく空気が入らないようにぴっちりと袋を縛ります。数時間からできれば１日漬け込んでチャーシューは完成です。

❸ とっておいた茹で汁は、チャーシューを漬け込んだ醤油を全量加えてラーメンスープに。

ポテトサラダの味

家で作るポテサラと外で買ってくるポテサラ、同じポテトサラダという料理のはずなのに味が全然違うと思いませんか？

ポテサラはいろんなところに登場します。お惣菜売り場などで単体で売っているのはもちろん、お弁当の一角に、オードブル盛り合わせに、そしてサンドイッチの中身にも、ポテサラはやたらと登板回数の多い料理のひとつです。日本人はほんとにポテトサラダが好きですね。お惣菜売り場だけではなく牛丼や居酒屋のチェーンでもポテサラは定番。

そういった「売ってるポテサラ」がほぼ共通して独特の味付けであることが昔から不思議です。その特徴は簡単に言うと甘さとコク、でしょうか。決して塩みが強いわけではないのに濃い味です。売ってるポテサラはある程度日持ちさせせなきゃいけないからああいう味にせざるを得ないのかな、とかつて解釈していたこともありましたが、どうもそういうことではないような気が今はしています。現代の食品加工の技術は凄いですから、別に普通に家で作るようなポテサラを作って売ること自体は雑作ないはずですし、実際ごく稀にそういうポテサラが売っていることも無いではありません。

でも売ってるポテサラはやっぱり「売ってるポテサラ味」なんです。ああいう、甘くてコクのある味が多くの人に好かれ求められている。少なくとも売ってる側はそう確信している、というのは確かなのではないでしょうか。

個人的には「売ってるポテサラ味」がちょっと苦手です。いや、もしかするとそれが苦手というよりは、普通に手作りするポテトサラダの味が好きすぎるということなのかもしれません。味付けの基本は塩、こしょう、酢、そこにお決まりのマヨネーズをたっぷり加えることもあるし、マヨネーズはあえて少なめや無しにすることもあるのですが、これはどっちもそれぞれのおいしさがあります。辛子やハーブのディルを加えるのも良いものです。

サラダと名が付くくせにちっとも「ヘルシー」じゃない、というのはポテトサラダの最大の弱点ですが、僕はこれを逆手に取って、ポテトサラダを作る時はたっぷり作って主食がわりにモリモリ食べます。売ってるポテサラは、少なくとも、こうやってモリモリ食べるのにはあまり向いてない味です。

昔ながらの洋食屋さんや大衆酒場では、こういう普通に作ったポテサラの、マヨネーズがしっかり効いたいかにもポテサラらしいポテサラがさりげなく出てきます。そういうのに当たるのもまたしみじみ嬉しい。世の中で売ってるポテサラが全部こういうやつになったらいいのに、と、その度に思います。

僕はここで「既製品はやっぱりダメだから何でも手作りするべき」などと主張する気は毛頭ありません。むしろ逆です。

女性は結婚して家庭に入り家族の食事を毎日用意するもの、みたいな価値観は、すっかり古びたものになっているとはいえ、未だ社会の一部ではしぶとく残っているのは現実です。そこにさらに「料理は手作りであるべき」なんて呪い以外の何ものでもありません。

先日もこんな話を聞きました。ある子供連れの女性がスーパーのお惣菜売り場でポテトサラダを手に取っていたところ、通りすがりの見ず知らずの老人が「母親ならポテトサラダくらい自分で作れ」と吐き捨てて去っていったというのです。これはさすがに極端ですが、こういう価値観の持ち主はいまだに存在しています。「ポテトサラダくらい」というのは、たぶんですが普段自分で料理をしない人の感覚ですね。

ポテトサラダは確かに極めて単純かつ簡単な料理です。ジャガイモを茹でて潰す、そこに野菜やハムやゆで卵などの具を混ぜる、マヨネーズを主体にした味付けをする。ただしそれは「単純」とは言うものの、実際やってみるとなるとかなり億劫です。ジャガイモを茹でるだけならまだしも、熱いうちにその皮をむくというのはかなり面倒くさいしつらい。しかもそれと併行して玉ねぎやきゅうりを塩もみしたりゆで卵を作って刻んだり、やらねばならぬことは実に多岐にわたります。

ポテトサラダに限らず、現代において料理というのは極端なことを言えば、もはや個人の趣味の領域ということでいいのではないかと思います。僕自身もそうですが、料理を作ること自体が楽しい、少なくとも苦にはならないと感じてる人も一定数いますから、そういう人はじゃんじゃん料理すればよろしい。でもそこに義務感や面倒くささしか感じないならば、あるいはそれなりに料理が好きであっても時として気が向かない日があれば、便利な既製品は遠慮なく利用すべきだと思っています。

幸いなことに既製品のレベルはかつてと比べて格段に進化していると感じますし、イメージはともかく実際の安全性を闇雲に疑うのは合理的とは言えません。そしてこれは良くも悪くもですが、価格は品質の向上と反比例するかのようにじわじわと下がっています。上手に利用するのに後ろめたさを感じる理由はありませんし、ましてやそれを他人に非難されるなどナンセンスにもほどがあります。

だからこそ僕は思うわけです。普通に作った味のポテサラがお店で買えないのはあまりよろしくないのではないか、と。このままでは、その味を知っててそれを趣味として自分で作って楽しめる人とそうでない人の分断が起こる。

このことは、ポテサラと同じジャガイモ料理であるコロッケだとさらに如実です。先ほどポテサラを作るのは面倒くさいと書きましたが、コロッケはそれに土星くらいの輪をかけて面倒くさい。ジャガイモを茹でて皮むいて潰して、挽き肉や玉ねぎを炒めてそれに混ぜて味付けして、それを丸めて小麦粉をまぶして溶き卵にくぐらせてパン粉を付けて、しかも最後はたっぷりの油で揚げなきゃいけない。そんなの王侯貴族の料理です。

しかもコロッケの場合、常に失敗の可能性があるわけです。せっかく何重にも手間かけてタネを作っても、最後の最後で焦げたりコロモが剝がれたり破裂したり。ポテサラなら、面倒くさいとは言っても手順通りに進めて行けばいつか間違いなく完成するのとは実は大違いです。しかもその艱難辛苦《かんなんしんく》を乗り越えてそれを食卓に並べても「ああコロッケね」とたいしてありがたみも感じてもらいにくい。

そりゃ、お惣菜売り場で一個八十円で売ってたらそれ買いますよね。どうしても揚げ立てが食べたければ冷凍コロッケという手もあります。しかしやっぱりコロッケも、売ってるコロッケは明らかに手作りのコロッケとは味が違うわけです。その特徴も、売ってるポテサラ同様「甘くてコクがある」だと言えると思います。

ポテサラならまだ、売ってる味と作った味が違うことを知っている人が少なからず存在する。でもコロッケはもはや「売ってる味」しか知らない人がほとんどなんじゃないかと思うわけです。だってコロッケ手作りする人なんて、今やよほど料理好きな人のさらにごく一部でしょう?

古くからの友人で、スーパーに袋入りの生ラーメンなどを卸しているメーカーの人がいます。その彼がある時、地元のトマトを使ったトマトだれの冷やし中華を開発して、それを試食させてもらったことがありました。これが抜群においしかったんです。とてもあっさりしている中にしっかり生トマトの風味、さらに隠し味のバジルオイルが気が利いてて、スーパーの市販品らしからぬ味、と僕はお世辞抜きで絶賛しました。

しかしこの商品、各スーパーのバイヤーさんにはことごとく不評で結局ほとんど売れなかったそうです。開発者の友人曰く、彼らは基本的に一口しか味見しないし一口食べてインパクトのある味わいでなければ採用してもらえない、と。自分もそれは重々承知だけどこの商品に限ってはそれをしてしまうと良いところが全部消し飛んでしまうのであえてこのままでぶつけてみたけど、やっぱダメだったねえ、と。

こういうことに関して、もしかしたら日本人は真面目すぎるのかもしれない、とよく思います。どんなに安い商品でもお金を取って販売する以上は「家では絶対に作れない味」にしなければいけないと思い込みすぎているのではないか、と。ポテサラの味もコロッケの味もそう考えると合点がいきます。

ハワイのコンビニでスパゲッティを買ったことがありました。真っ白なスパゲッティにブロッコリーとニンジンが載っかった一見シンプル極まりない見た目でしたが、それが安くて大量に陳列してあったのでつい気になって買ってみたわけです。ホテルの部屋でそれを食べてびっくりしました。見た目通りほぼ塩とオリーブオイルだけの味付けだったのです。野菜もおそらく茹でるか蒸すかしただけ。でもそれが食べてるとジワジワおいしいんですね。さほど料理に気乗りしない時に適当に家で作るパスタ、というのがその地ではこんな感じなんでしょうか。それが手間賃だけ乗っけて堂々と売られている。買う人もたくさんいる。これは日本ではありえない文化だなと思いました。

ここまで極端じゃないですが、コストコとかイケアといった外資系の店で買う冷凍食品などの加工品にも同じような印象を受けます。グラタンやミートボールなど、自分が家にある最小限の材料で適当に、そして普通に作る料理みたいだな、と。

日本の加工食品の、細部までこだわった、一口食べた瞬間プロの味！　みたいなものはもちろんそれはそれでありがたいのですが、こういうあくまで普通に作ったストレートな味のものも同時に選択肢としてお店に並んでほしいと僕は思います。

かつてとは違い、料理をせずに既製品を買ってくることが当たり前のことになった今、別に特別じゃない普通さをそこに求める人は少なくないのではないかと思うのですがどうでしょう。そしてそのことこそが、妙な手作り信仰がもたらす呪いから日本人を解放するための、一番手っ取り早いプランなのではないかと僕は考えています。

レシピ

ミニマルポテトサラダ

引き算の料理、徐々にジワジワおいしくなる味わいがお好きな方向けにはこのレシピで完成。この時点でいったんパーフェクトです。

もっといかにもポテサラらしいポテサラが良ければここにマヨネーズと、ハムなりゆで卵なりお好きなものを混ぜてください。ベースが完成しているので後はどうやってもマズくなりようがありません。僕はマスタードと香草のディルだけ足すのが好きです。明太子やスモークサーモンなんかもオツなものです。

マヨネーズをさらに増やして、加えて砂糖とか味の素とか練乳とか足すと、「売ってるポテサラ味」に近づきます。なおかつ売ってるポテサラより「なんとなく高級店寄り」な感じになりますが、個人的にはそこまでするとせっかくの家メシならではの尊さが失われるので、あえておすすめはしません。

材料

ジャガイモ　好きなだけ

玉ねぎ（茹でて皮をむいたジャガイモの重量に対して） 10%

きゅうり（同）10%

塩（同）1%

酢（同）4%

オイル（同）5%

作り方

❶ ジャガイモは皮付きのまま半分に割って、完全に柔らかくなるまで茹でてボウルに取ります。ヘラなどでざっくり潰すと、皮はお箸でつまんでぺろんとむけます。

❷ むいたジャガイモの重さを計ったら、あとはジャガイモが熱いうちにその他の材料を混ぜるだけ。玉ねぎやきゅうりは塩もみなどの必要は特にありません。

ポトフと pot-au-feu

勝手においしくなる料理、というものがあります。
例えば豚汁やけんちん汁など具沢山の汁物とか、水炊き、シチューなどがそれ。最初はただの水だったものが、たっぷりの肉や野菜を煮込むうちに次第にスープとなり、さらに時間の経過と共にそのスープが勝手にどんどんおいしくなっていく。そんな様子を時折味見しながら見守るのは楽しいものです。「料理の原点」みたいなことを感じさせてくれます。

そんなタイプの料理の中で、個人的に特に好きなものがポトフです。ある時ツイッターで、「ポトフ」に関する面白いやりとりを目にしました。

発端は、僕も長らくフォローしているある男性Sさんのツイート。Sさんは玄人はだしの料理マニアで、その日は手間暇かけてポトフを煮込んだことを呟いていました。Sさん曰く「ポトフはそれなりに手間はかかるけど簡単ですこぶるおいしい。でもご飯のおかずにはならないから家庭の晩ご飯としてはあんまり登場しにくいんだろうな」、と。そして、「ポトフを食べるなら一緒においしいパンも用意しないとね」と結ばれていました。

僕もそれを見て、確かに、と納得しました。実は僕もポトフは大好物でたまに作ります。僕自身は晩ご飯がご飯ではなくてパンでもいっこうに構わないタイプですが、多くの日本人は、今やこれだけパンに慣れ親しんでいても、晩ご飯だけは米じゃなきゃ！　と考える人が大多数です。ポトフとご飯を一緒に食べるのは確かに全くイメージできないな、と納得しました。

ところがSさんのその見解に対しては、多くの反論が寄せられていたのです。いや、反論というほど強いものではありませんでしたが、「うちでもポトフはよく作りますが、その時は必ずご飯ですよ」というような報告が多々。僕も結構驚きましたが、Sさんとしてもかなり意外だったようで、確かその後ツイッターのアンケート機能を使って、ポトフはご飯のおかずになるか否か、みたいなアンケートを実施していました。

結果はなんと「ご飯のおかずになる」派の圧勝。意外すぎる結果に首をひねっていたのですが、引き続きSさんと「ご飯派」のやりとりを観察していて、僕は妙な違和感を感じ始めていました。なんだか会話が微妙に噛み合ってない……そんな風に感じたのです。そしてそのうち「あっ！」と気がつきました。Sさんの言ってるポトフと「ご飯派」の言ってるポトフは実はそれぞれ別の料理を指してないか?!

どういうことかわかりますか？　わかった人は結構本格的な料理好きかもしれません。ピンときていない方は、ちょっとお手元のスマホでグーグルの画像検索を出してみてください。そしてまずそこで「ポトフ」とカタカナで検索してみてください。画像の一覧をなんとなく目に焼き付けたら、次はポトフをフランス語で「pot-au-feu」と入れて検索してみてください。

どうですか？　まず画面全体の色合いが全く違うことに気づくのではないでしょうか。

カタカナの「ポトフ」は、全体的に明るいパステルカラーです。ライトグリーンのキャベツ、鮮やかなグリーンのブロッコリー、赤いニンジン、クリーム色の玉ねぎ、オレンジがかったソーセージやピンクのベーコン。それに対して「pot-au-feu」はどうでしょう。圧倒的に茶色いですね。主役は塊の肉です。牛スネ肉が多いと思います。玉ねぎやポテトなどの野菜も牛肉のスープで薄茶色に染まっています。キャベツはほとんど見当たらないか、あってもやはりスープの色に染まっています。僅かに見える緑色はタイムやベイリーフなどの少し黒ずんだ緑のハーブ。

フランスの pot-au-feu は本質的に「肉を長時間茹でた料理」です。かつては、搾乳や農業の使役に使えなくなった老牛の硬い肉を食べるために作られていた「生活の料理」だったという話も聞いたことがあります。骨ごとぶった切った肉を煮込んだ副産物としてスープも取れます。そのスープでついでに野菜も煮れば、肉の付け合わせも同時に完成すると共に、スープはさらにおいしくなる、という合理的な料理に発展したものが今の pot-au-feu。

柔らかく煮えた肉と野菜は平皿に取り出して、マスタードを付けて食べます。スープはスープで別に飲みます。思わずパンが欲しくなりますよね。Sさんや僕が「ご飯の出る幕無し」と判断したポトフはこっちだったというわけです。

対して、「ご飯派」の人たちがイメージしていたのは、おおむね、カタカナの検索で出てくる方の「綺麗なポトフ」。最初からコンソメでしっかり味のついたスープでキャベツとソーセージを中心にした具をさっと煮た、フランスには無い、日本ならではのポトフです。こちらは、パンにももちろんよく合いそうですが、同時にご飯にもよく合いますよね。コンソメ味のスープで少しクタッとなったキャベツは、いわば簡易的なロールキャベツのキャベツ部分。ご飯が進みます。ソーセージもまた濃い味でご飯がさらに進みます。最後残ったスープにはご飯を投入して雑炊風に食べるんです、なんていう魅力的な報告もありました。なるほど、こうなるともはやご飯の独擅場。僕はご飯派の意見に完全に納得せざるを得ませんでした。

納得はしたものの、そこでどうしても腑に落ちない疑問が残ります。日本ではいつからこの料理が「ポトフ」になったんだ？　という疑問です。フランスの

pot-au-feu とはもはや完全に別の料理である「ソーセージとキャベツのコンソメスープ煮込み」はいつどうやって発明され、しかも「ポトフ」という名称を与えられたのか？

僕がその時なんとなくイメージしたのが料理雑誌の「オレンジページ」でした。特に根拠はありません。単なるインスピレーションです。日本式ポトフのルックスや雰囲気がなんだかとても「オレンジページっぽい」と思ったのです。それだけです。そして、日本式ポトフに絶対に欠かせないのが「シャウエッセン」に代表される日本式ドイツソーセージ。調べてみると、「オレンジページ」の創刊とシャウエッセンの発売は、なんと同じ年、一九八五年！

そんな素朴な疑問と特に根拠もない思いつきをツイッターで呟いてみました。ツイッターというのは不思議なコミュニティです。こんなどうでもいい疑問を面白がってくれた人が少なからずいたようで、続々と情報が寄せられたのです。情報源は主に、一九七〇年代から八〇年代にかけての料理雑誌でした。なんでそんなビンテージものの雑誌を大事に持ってて内容も覚えている人がこんなにいるんだよ⁉ という驚きはひとまず置いておきましょう。そこで紹介されている古い年代のポトフはどれも、日本式ポトフではなく、まごうかたなきフランス式のpot-au-feuでした。現在pot-au-feuで検索するものと何も変わりません。でも当時、大きな塊の牛スネ肉を使ってハーブと共に長時間煮込む料理なんて、きっと今以上にハードルが高かったはずです。婦人雑誌に当時の有名な料理研究家のレシピが載ってはいても、一般家庭にまではなかなか広まらなかったんじゃないでしょうか。

面白いのは、それらのポトフはだいたい「西洋おでん」という説明と共に紹介されていたことです。なるほど、ゴロゴロとした大きな具を煮込んで辛子＝マスタードで食べるというのは確かにおでんっぽさがあります。そして、あたかもその「おでん」という説明に引っ張られたかのような、当時の創作的なレシピも発見されました。牛肉だけでなくつくねやフランクフルトが竹串に刺されて野菜と一緒に煮込まれているポトフです。確かに「おでん」です。それとは別のレシピですが、なんと「しらたき」が加えられたものも出てきました。そして塊肉のダシだけではなく昆布が用いられたものも。……おでんです。また、今につながるキャベツが具の主役のひとつとなったポトフも登場し始めます。柔らかく煮込まれスープをたっぷり含んだ大きなキャベツは、さしずめおでんにおける大根の役割でしょうか。

そうやって肉以外の具の存在感が増していくと、あえて牛肉の大きな塊にこだわらなくてもよくなります。「西洋おでん」的な折衷ポトフは現代ではほぼ絶滅していますが、当時はぐっとハードルの下がったポトフとしてそれなりに広まったかもしれませんね。同時に、肉の割合が減ったということで、味付けはさすがに塩だけでは心もとなく「コンソメキューブ」も登場、今の日本式ポトフに徐々に近づいていく流れです。

八〇年代後半以降「ソーセージとキャベツをコンソメスープで煮た料理」がいくつか登場してきているのも興味深いところです。まさにシャウエッセンを筆頭に、本格的なソーセージが身近になってきたということでしょうか。ただしそれにはまだ「ポトフ」という名称は与えられていません。そしてどうやら九〇年代以降、その料理はついにポトフと呼ばれ始めたようです。八〇年代にフランス式そのままのポトフを紹介していた料理研究家が、九〇年代には「ソーセージのポトフ風」として、現在の日本式ポトフとほぼ同じものを紹介していました。どうもこのあたりが契機になったように思えます。

以上が、断片的ではありますが、ツイッターの料理好きたちの集合知による日本式ポトフ誕生の歴史です。かつて重厚な「婦人雑誌」などで紹介されていた本場風のポトフは、あまりにハードルが高く、結局一般的にはあまり広まらなかったわけですが、徐々に形を変えていつしか、ソーセージとキャベツとあり合わせの野菜、そしてコンソメの素で誰でも簡単に作れる家庭料理として生まれ変わったというわけですね。しかも、ここが重要だと思うんですが、なんと言ってもご飯に合う！

実はたかだか三十年の歴史しかないはずなのに、（Sさんや僕のような拗《こじ》らせ気味の一部の料理オタクは別にすれば）日本でポトフと言えば誰もがまずこちらを思い浮かべるのです。個人的に面白いと思っているのは、この料理が外食での流行とは全く無関係に、純粋に家庭料理として広まっていった点です。家庭を舞台に日本人がみんなで協力して作り上げていった「新・家庭料理」といった趣で、ポトフそのもの同様、なんだかほっこりするお話です。

レシピ

塩漬け豚のpot-au-feu

日本式のポトフも素晴らしいですが、本場風のポトフならではの滋味溢れるおいしさもやっぱり捨てがたいものです。

牛スネ肉の塊は手に入りにくい上、煮込みに長時間かかりますが、代わりに豚肉と手羽元を使って、コンソメ要らずの本格ポトフはいかがでしょうか。豚肉はできれば数日塩漬けすると旨みがぐっと増します。週の前半で塩漬けにして週末に二時間のんびり煮込む、そんな、ちょうどいい感じのポトフです。

ご飯は諦めておいしいパンや白ワインと一緒にどうぞ!

材料（2人前）

豚肩ロースブロック　300グラム

A
- 塩　10グラム（小さじ2）
- ハーブ（タイムがおススメ。他にローズマリーやベイリーフなどお好みで）　少々
- 胡椒 できれば粒のまま　少々
- クローブ　2粒（省略可）

水　1リットル
鶏手羽元　4本
玉ねぎ　1個
ニンジン　1本
セロリ　1本
ジャガイモ（メークイン）　小2個
フレンチマスタード　適量

作り方

❶ 豚肩ロースブロックにAを全てまぶし、ラップでぴっちり包んで冷蔵庫で最低一日、できれば五日ほど冷蔵庫の奥で寝かせる。
❷ 大きめの鍋で塩漬け豚と分量の水を火にかける。豚肉にまぶしたハーブやスパイスもそのまま入れる。
❸ 沸騰したらアクをすくい、少し蓋をずらした状態で弱火で煮込む。
❹ 煮込み始めて一時間経過したら、手羽元と、皮をむいた玉ねぎを切らずに入れる。
❺ 更に30分煮込んだら、豚肉、手羽元、玉ねぎを取り出し、代わりに皮ごと大ぶりに切ったニンジンと、セロリ、皮をむいた丸のままのジャガイモ加える。取り出した豚肉、手羽元、玉ねぎはいったん冷ましておく。
❻ 更に30分ほど煮込み、野菜が完全に柔らかくなったら、豚肉と玉ねぎを形が崩れないように半分に切り、手羽元と共に鍋に戻して優しく温める。肉と野菜を取り出しお皿に盛り付け、フレンチマスタードを添える。
❼ スープは必要なら塩を足して味を調え、別のスープボウルに盛る。

麻婆豆腐の本質

麻婆豆腐ほど、この十年かそこらで様変わりした食べ物も無いかもしれません。かつての麻婆豆腐のイメージは赤みがかったオレンジ色のあんに角切りの豆腐と挽き肉が浮かんだ、今考えるとずいぶんおとなしい料理でした。唐辛子か豆板醤で少し辛みがつけられている以外は、中華料理の典型的なスープ、ニンニク、生姜、葱がベースの味わい。

ところがある時から「四川麻婆豆腐」「陳麻婆豆腐」などと呼ばれる、黒っぽい、ゴツゴツした麻婆豆腐が世の中にジワジワと広がっていくことになります。従来の麻婆豆腐と比較すると色や質感だけでなく、味や香りも全く別もの。肉と脂が豆腐にギラギラとまとわりつく濃厚な味わいや、より辛みの強い刺激的な味わいもさることながら、何と言っても花椒（中国山椒）の独特な香りや、口の中が

「痺れる」という日本人が今まで知らなかった感覚が衝撃的でした。
日本の特に都市部では時々、それまであまり知られていなかった本場そのままの外国料理が一部のマニアの熱い支持を受けて、局所的にひっそりと流行するという現象が起こりますが、四川麻婆豆腐も最初はそういう感じだったように記憶しています。始まりは、一部のお店が「激辛好き」で「物好き」なお客さんのために用意する珍しい料理。しかし四川麻婆豆腐はそこにとどまりませんでした。日本人はもともと麻婆豆腐という食べ物が大好きという前提があり、そこに、よりスパイシーで刺激的なものを求めるという時代の流れがピタリとハマったのではないかと思います。わかりやすく本格的な印象がありつつ根っこの部分は慣れ親しんだ味。これは昨今の「スパイスカレーブーム」とも重なるものがあるような気がします。

そして幾星霜、今や麻婆豆腐の主流はすっかりこの四川麻婆豆腐の方に移ってしまった感があります。ファミレスやコンビニで見かけるのはほぼこちら。旧タイプのおとなしい麻婆豆腐は、いわゆる「町中華」と呼ばれるような昔ながらのごく庶民的な中華料理屋さん以外ではあまり見かけなくなってしまいました。

スーパーの棚には昔ながらの「麻婆豆腐の素」も並んでおり、まだまだ根強い人気があることもうかがい知れますが、そうであってももはやどこか日陰の存在に見えます。より「本格的」な四川麻婆豆腐の、圧の強いパッケージがどうしても売り場では目立ちます。

麻婆豆腐の素といえば、ネットではしばしば「クックドゥ論争」とでもいうべきものを見かけます。

大概は、

「クックドゥを使うなんて手抜きだ！」

みたいな狭量でいささか乱暴に過ぎる意見に端を発し、それに対して、

「クックドゥは専門家がその技術の粋を凝らして作られたもので充分すぎるほどおいしいからそれを使わない手はない」

「一から手作りとなると少ししか使わない調味料をいろいろと揃える必要があり無駄が多くて不経済」

「クックドゥはあくまで調味料で、主な素材そのものは切り揃えたり下ごしらえしたりと意外と手間もかかり、とても手抜きとは言えない」

「うるせえ、ごちゃごちゃ言うなら自分で作れ」

といったまっとうな意見が林立する、という構図でしょうか。

正直、冷静に眺めていると実際は「手抜きだからダメだ」などと鼻息を荒くしてる人なんて誰もいなくて、みんな実在しない仮想敵に対してそれぞれの論を展開してわいわい愉しんでいるだけのようにも見えます。まあその構図自体はネットでよく見るタイプの娯楽というかゲームですね。いろんな人が食に関して真剣に持論を展開しているのを眺めるのはそれだけでも楽しいものです。


実際、クックドゥは凄いと僕も思います。端的に言うとおいしい。すごくおいしい。何と言ってもバランスが絶妙なだけに、作り手の技術がどうであれ必ずある程度のおいしさの範囲に着地できるようにできていますし、そこそこ技術のある人がちゃんと作れば高級な中華料理店にも引けを取らないものが出来上がります。

このクックドゥと同種の業務用合わせ調味料も広く出回っています。そのこともあってか、今や日本中に普及した四川麻婆豆腐はだいたいどこで食べても間違いなくおいしい。本格感もあって、味に深みもあり、ガッカリすることはまず無い気がします。

でも自分が積極的にそれを使うことはまずありません。その理由を一言で説明するなら、「クックドゥなんて使っちゃったらお店みたいな味になっちゃう！」というところでしょうか。せっかく家で作る料理なのにありふれたお店の味になってしまうのは、それがたとえ文句なくおいしかったとしても勿体ない！　と思ってしまうのです。

ある時、中国料理の歴史に関する本を読んでいたら、麻婆豆腐の発祥に関してこんな感じの記述を見つけました。

「当初の麻婆豆腐は、熱した油で唐辛子粉の辛みを引き出し、そこに豆腐を入れて煮込み仕上げに花椒を加えたものだった。そこに客が持ち込む肉が加えられることもあった」

え？　そんだけ？　という感じです。もちろんその本はあくまで文化史の本であって料理書ではないので、具体的な調味料などは単に省略されているんだと思います。さすがに塩なのか醤油なのか何かしら調味料は使われていただろうし、香味野菜も葱かニンニクくらいは入っていたのでは、と想像しました。しかしいずれにせよ、〇〇醤と言われるような調味料を複合的に組み合わせ、スープで煮込んでとろみを付ける、みたいな現代日本の四川麻婆豆腐からはあまりにもかけ離れていますし、もちろん日本の町中華で見かける昔ながらの麻婆豆腐からはさらに遠い料理であることは間違いありません。

また別の時、中国の労働者の食事風景と思われる一枚の写真を目にしました。屋外に置かれたさほど大きくはない丸テーブルを囲んで、八人の男たちが、おのおの飯の碗を手に座っています。その他におかずらしきものは一品だけ。それは洗面器にしか見えないような入れものに無造作に盛られて円卓の中央に置かれていました。男たちはそれを各自の飯に載せてガツガツと掻き込む、そんな食事風景。

その洗面器に盛られていた唯一のおかずは麻婆豆腐だということが写真に書き

添えられていたのですが、それは我々が普段見ているそれとはずいぶん違いました。ゴツゴツとした硬そうな豆腐全体が赤い油と黒い粉にまみれており、そこにちらほらと挽き肉なのか葱なのかわかりませんが黒っぽい粒々が僅かに見える、ただそれだけの料理です。

それを見た時僕は、あっ、と思いました。以前に本で読んだ「当初の麻婆豆腐」とはつまりこういうものなのではないか、と。

そしてその麻婆豆腐は、ざっかけないにもほどがある食事風景も相まって実においしそうでした。男たちが力仕事の合間にひたすらに米の飯を食う。その飯を食わせるための唯一にして必要十分な麻婆豆腐の圧倒的な存在感。それはある意味、貧しさでもあるのかもしれませんが、そんなこととは関係なく「飯を喰う喜び」に満ち溢れた光景でした。

八人の男たちが羨ましくて仕方なくなった僕は、その後、本と写真から得られた僅かな情報と妄想を頼りにそれを再現してみることにしました。

まずは油と少量の挽き肉、ニンニクと、たっぷりの唐辛子粉を炒めます。そこに木綿豆腐を水切りもせずに角切りにして加えました。赤く染まった油と豆腐から染み出す水分ですぐに豆腐はグツグツ煮込まれる状態に。そこに塩だけで味を付け、最後に刻んだ葱を加えて完成です。

あっけないくらい簡単に短時間でできてしまいました。今まで作っていた麻婆豆腐の手間の多さに比べるとその点は革命的です。そして肝心の味はと言うと……。

結論から言うと、僕はこの麻婆豆腐がとても気に入りました。「ミニマル麻婆豆腐」と勝手に名付け、今でもよく作って食べています。もちろん簡単ですぐにできる割においしいから、という理由もあります。でも単にそれだけのことではないのです。これはお店で食べる、あるいはクックドゥで作る確実においしい「四川麻婆豆腐」の代用ではありません。むしろそういう麻婆豆腐は日本中至るところでいつでも食べられます。でも「ミニマル麻婆豆腐」のシンプルな味わいというのは、実はお金を出しても買えないんです。作るしかない。今やこういうものこそが家庭料理ならではの価値のひとつなのかもしれませんね。

レシピ

ミニマル麻婆豆腐

ご覧の通り、失敗しようのないほど簡単です。豆腐はぐちゃぐちゃに崩れてしまってもそれはそれでおいしいです。コツらしいコツはありませんが、強いて言えば、素材の味わい勝負の料理ですので豆腐や挽き肉はなるべくそれ自体でおいしい良いものだとやはりその分おいしくなります。塩加減や唐辛子はお好みで加減してください。

豆板醤やオイスターソースやトウチなど、麻婆豆腐に合いそうな調味料が冷蔵庫で眠っていたらせっかくなので少し足してもいいかもしれませんし、料理上手な方なら花椒やクミンなどお好みのスパイスを足したり、最後に香菜やトマトを加えたりしても楽しいと思います。

材料

合挽き肉　100グラム
ニンニク　2片（12グラム）
塩　小さじ1/2強（3グラム）
一味唐辛子　小さじ1
黒胡椒　小さじ1/2
木綿豆腐　1丁（350グラム）
醤油　小さじ1
白葱　1/2本

作り方

❶ ニンニクと白葱は粗みじん切り、木綿豆腐は1.5㎝角に切っておきます。

❷ テフロンのフライパンでニンニクと合挽き肉を炒め、肉に火が通って脂がしみ出したら、塩、一味唐辛子、黒胡椒を加えて香りが立つまでさらに軽く炒めます。

❸ 豆腐を入れ、強火にして全体を軽く混ぜます。肉からしみ出た脂と豆腐自体から出る水分だけでさっと煮込んでいくイメージです。

❹ 豆腐にも火が通ってフライパン全体がグツグツしてきたら、醤油と葱を入れ全体を混ぜ、ひと呼吸置いて火を止め完成です。

ミールスの物語

二〇〇五年の夏、くらいだったと思います。僕はとある東京のインド料理店を訪問しました。そこは普通のインド料理店とは少し違っていました。「南インド料理専門店」だったのです。

インド料理に南と北がある、なんてその数日前まで全く知りませんでした。たまたま読んだ雑誌にその南インド料理のことが載っていたのです。そこで紹介されていたのがそのお店。それまでインド料理と言えば、ナンにカレーにタンドリーチキン、みたいなイメージしかありませんでした。でも「南インドカレー」というのはどうもそういうものとは全く違うようなのです。

雑誌の記事には南インド料理に関する簡単な基礎知識みたいなことが書かれていました。でもそれはあくまで綺麗な大判のカラー写真がメインの雑誌記事です。

字数的にも制約があったのでしょう。正直書いてあることはなんとなくわかるようなわからないようなでした。でもとりあえず僕は、その写真のビジュアルに釘付けになりました。ステンレスの丸皿の上にはバナナの葉が敷かれ、色とりどりのカレーらしきものが入った小皿がいくつも周囲に並んだ真ん中には、真っ白なお米がこんもりと盛られていました。そのお米はよく見ると細長い長粒米。それも普段タイ料理屋なんかで見るものよりさらに細長い、見たこともないようなお米でした。それ以外にもいくつかの見慣れない付属物が皿のあちこちに置かれています。それこそが南インドで「ミールス」と呼ばれる、言うなればカレー定食のようなものであるということは記事の中から理解しました。

なんだかよくわかんないけど凄いぞこれは、と思いました。何を凄いと思ったのか今となってはあまり思い出せませんが、とりあえずとても綺麗でした。

その数日後、初めて訪れたその南インド料理店で僕は迷いなくその「ミールス」をオーダーしました。ほどなくして目の前に運ばれてきたそれは、雑誌で見た通りの綺麗で迫力のある大皿でした。「本物だ…」と心の中で僕はつぶやきました。いや、この場合の「本物」には別段深い意味はありません。たまたまテレビで見かけてファンになったアイドルの本人をコンサートか何かで肉眼で見た、みたいな感じです。

とりあえず小皿の数々や付属物を一通り味見しました。なんということでしょう。ほぼ全てが今まで食べたことのない味です。まさかここまでとは思ってませんでした。いくつも並ぶ小皿の中身は、食べる前は「だから要するにカレーなんでしょ?」くらいに思っていたのですが、とりあえずカレーと認識できるのは端っこの二つだけでした。そのカレーもそれまで知ってたカレーとはだいぶ違います。違いますがそのカレー二つは「抜群においしい!」ということだけはわかりました。そしてそれをぱらっぱらの長粒米にたっぷりかけて食べるのは衝撃の体験と言っても言い過ぎではなく、僕はそれがすっかり気に入ってしまいました。しかし……。

その時カレーやカレーのようでカレーでないものの小皿は確か六つあり、内容はこんな感じでした。

①羊肉のカレー。一番イメージとして知ってるインドカレーに近いけど、味わったことのないスパイスの香りがたっぷり紛れ込んでいる。辛い。
②チキンのカレー。ココナツミルクが入っていてちょっとタイカレーに似てる気もする。これも知らないスパイスの味がする。
③かぼちゃをココナツミルクで煮た感じのもの。クートゥと呼ばれるものの一種らしい。スパイスはほんのり。カレーというより完全にシチュー。
④キャベツ主体の野菜炒めに削ったココナツがまぶしてある。これをカレーと言われたら確実に混乱する。名称はポリヤル。
⑤何種類かの野菜と豆をとろっと煮たもの。カレーと言えばカレーっぽいが知ってるカレーとは根本的に違うスパイスの香り。サンバルというらしい。
⑥トマトスープ的な何かだがトマトより酸っぱいのはタマリンドが入ってるらしい。サラサラで具は無くとても辛い。ラッサムというものらしい。

「カレー」と認識できたのは最初の①と②だけでした。そして正直なところ素直においしいと思えたのもその二つだけでした。あとはなんだかよくわかりませんでした。特に⑤の「サンバル」は、苦手と言い切っても良いくらい、その時点での僕にとってはあまりにも謎めいた味の食べ物でした。

普通だったら「二度目は無いな」と思うところかもしれません。羊肉のカレーとチキンのカレーは確かに、抜群と言ってもいいおいしさでしたが、だったらこの店に再訪したとしてもカレーだけを注文すればいいわけです。しかしその時の僕はなぜか「またここに来てもう一度同じものを食べよう」とすでに決心していました。

なぜそう思ったのかを言葉で説明するのはなかなか難しいものがあります。確かにその日は完全に「カレーを食べるぞ！」という気持ち満々で臨んだため、素直に「カレー」とは認識できないものたちの波状攻撃に脳が付いて行けなかった。だから、また改めて気持ちを切り替えて挑戦してみたい、という気持ちはあったと思います。でもそれだけでは何というか説明がつかないのです。

サンバルを筆頭に、カレー以外の料理の数々を僕はその時好きになれませんでした。それなのになぜか僕はそれらを、

「絶対好きになってやる」

と心に誓っていました。なぜなのか自分でも不思議です。僕はその時点でもう何年も、いろんなジャンルにわたる料理の仕事をしてきていましたから、だいたい世の中の料理というものについて一通りわかったつもりになっていました。しかしこの南インド料理の「ミールス」は、初めてと言っていいくらい自分の知らなかった味の連続でした。それを理解できないのは悔しい、という負けず嫌いな思いもあったかもしれません。しかしそれだけでもやっぱり説明はつかないのです。

ともあれ僕はその後も機会を作ってミールスを食べ続けました。最初の店にも何度か通いつつ、当時まだ日本でも数軒しかなかった南インド料理店はおそらく全て巡ったと思います。南インド料理について専門的に書かれた本があることも知り、入手して貪るように読みました。その本の著者は料理研究家の渡辺《わたなべ》玲《あきら》さんでした。最初のきっかけになった雑誌記事を書かれていたのもその渡辺さんであったことに後になって気づきました。

「絶対好きになってやる」と決意したミールスを本当に好きになるのは実際あっという間でした。いや、好きになる、という生半可なレベルではなく心の底から惚れ込んでしまったのです。最初は羊肉やチキンのカレーだけを気に入ったはずでしたが、実はそういったカレーが付くのはミールスとしては亜流で、本来は全て野菜料理だけで構成されるものということを知り、最終的に自分もそのスタイルの方を好むようになりました。一番苦手だったはずの「サンバル」は、いつのまにか一番好きな料理になりました。

絶対好きになってやると思ったから本当に好きになったのか、本当に好きになる可能性を無意識に感じていたから最初にそう思ったのかはいまだに自分でもよくわかりません。ただ、南インド料理に限らず食べ物にはおいしいかおいしくないかだけでは単純に測れない魅力があるのは確かだと思いますし、その時それに気づくことができたことは大袈裟でなくその後の自分の運命を大きく変えたと思っています。

そう、その後僕はますます南インド料理に「ハマって」いきます。食べ歩きはもちろんですが、自分でも本来の仕事の合間にせっせとそれを作るのが日課のようになりました。当時日本で出版されていた南インド料理の料理本は先述の渡辺玲さんのものも含めてもごく僅かで、あとは洋書で探すしかありませんでした。洋書の料理本はどれも安いものではありませんでしたが、買い集めること自体が楽しいというオタク特有のモードに突入したこともありコレクションは順調に増えて行きました。加えて、当時ネットでも現地のレシピがどんどん手に入るようになってきていました。ネットのレシピは本に比べると何かと信頼度が低いことにも気づきましたが、同じ料理のレシピをなるべくたくさん集めて横並びでよく見比べると過不足の少ない正解に近づくことができるというテクニックも身に付け有効活用できるようにもなりました。

そして遂には、勢い余って実際に南インドを訪れることに。これまで自分の作ってきたものがどれくらい正しいか答え合わせもしたし、現地でしか食べられないような珍しい食材や料理も片っ端から食べたりもしました。そういった経験を重ねて、当然のようにますます僕は南インド料理にのめり込んでいったのです。

そしてその後、様々な巡り合わせがあって、最終的に僕は、一軒の小さな南インド料理専門店を立ち上げることになります。ですがそれはまた別の物語。いつか話しましょう。

誰が為のカレーライス

僕が初めて仕事としてインドカレーに取り組んだのは十年ちょっと前。川崎市のオフィスビルの一角にある、やる人が居なくなってしばらく休業していた持ち帰りのインドカレー屋さんを引き継ぐことになったのがきっかけでした。

引き継ぐと言っても、お店にはレシピも何も残っていませんでした。その上、当時僕はインドカレーに関しては素人も同然。一か月ほど準備期間を貰って、必死に試作を繰り返しました。知識も経験も全く足りていない状態でしたが、今になって思えば、それだからこそ徹底的に基本に忠実に、そしてとにかくお客さんにがっかりされないよう神経質なくらい注意を払って作ったことがたまたま良い方に転んだのだと思います。再開後のその店は少しずつお客さんが増えていき、ある時から急に、昼時には長蛇の列ができる店になりました。

お店の名前は「エリックカレー」。実は元あった店の看板をそのまま使っただけで、「エリック」というのはおそらく人名だったのでしょうが、その由来も何も知らないまま気がついたら軌道に乗っていたという顚末です。

ほどなくして、二号店を出さないかという話も舞い込み、僕は一も二もなくその話に乗りました。場所は東京の西新橋。一号店は持ち帰りのみのお店でしたが、今度は小さいながら店内に席もあります。一等地とまでは言えませんでしたが、一応都内の中心部。メニューなどは好調な一号店と全く同じままで、意気揚々とオープンの日を迎えました。ところが蓋を開けてみると、実際はこの日が苦難の始まりだったのです。

小さい店は確かに昼時には満席になりました。しかしそもそもカレー屋さんというのは極めて薄利多売な商売。「長蛇の列」ができて初めて経営が成り立つと言っても過言ではありません。二号店では、とてもそれにはほど遠い状況がその後もずっと続きました。さらに、昼時を過ぎるともう夜までほとんどお客さんは入りません。立地のせいばかりにするわけにもいきませんが、一号店の成功はむしろ「たまたま」幸運だったに過ぎなかったと思い知らされました。

何にしてもこのままでは毎月赤字を垂れ流すばかり。何とかしなくてはいけません。その時の僕は、とにかくこの店を「本格的なカレーを提供する専門店」としてお客さんに一目置いてもらうしかない、と考えました。そうすれば注目もされ、周りの競合店とも差別化できて、口コミも広がり、レビューサイトの点数もグングン上がるだろう、と。

素人同然で飛び込んだカレーの世界でしたが、数年続けるうちに僕もいっぱしの「マニア」になっていました。都内の有名店を食べ歩き、その中でも当時少しずつ店が増えつつあった南インド料理店に心酔していたのです。日本で手に入る洋書の南インド料理レシピ本をかき集め、また日本における南インド料理の第一人者でもある料理家の渡辺玲氏を「心の師匠」と崇め、その著書を擦り切れるほど読み込んで、自分なりにそれなりに満足のいく南インド料理を作れるようにはなっていたのです。しまいには勉強と称して南インドの現地を複数回訪れる始末。当初それは、エリックカレーのメニューとはまた別の「趣味の領域」と捉えていたのですが、鳴かず飛ばずの状況が続く西新橋店を何とかするための起死回生の一策として、そういう、より「本格的」なメニューを取り入れていこうと考えたわけです。

何せ時間はありました。ランチタイムを過ぎればもうほとんどお客さんは来ません。次の日のための仕込みも夕方前にはすっかり終わり、夜は特に何もすることは無い状況。それまで趣味として作っていた「本格南インドカレー」の数々を、次々にお店用のレシピとして叩き直して行きました。そして満を持してのメニューリニューアルです。

さすがにメニューを全て入れ替えるということはしませんでしたが、既存のメニューから「本格寄り」のものを半分程度残しつつ、いくつもの新メニューを加えての再スタート。その中には「ミールス」もありました。「ミールス」とは当時一部のマニアの間では注目され始めていた南インドならではのスパイス定食です。正直なところ自信満々でした。当時日本に数える程度だった「南インド料理専門店」を別にすれば、こんな本格的なカレーを提供している店は他にはありません。近隣には名店と言われるような人気のカレーショップもたくさんありましたが、そういう店よりずっと専門性の高い店に生まれ変わったはずだ、と。エリックカレー西新橋店はこれから多くのカレーマニア、インド料理マニアの耳目を集めて、一気に繁盛店を目指すのだ、とテンションは上がるばかり。

メニュー一新と共に、アンケート用紙も用意しました。何せ自信があるわけです。これまでただの「値段が安くて気楽なカレースタンド」として利用してくれていたお客さんも「この店って実はこんなに本格的だったのか！」と見直してアンケートには称賛の声が次々に寄せられるに違いない、と虫が良いにもほどがある妄想も止まりません。


結果はどうだったか。ここまで読んだ方はなんとなく想像がついているかもしれませんが、決して思わしいものではありませんでした。ミールスを始めとする「本格」メニューは他より価格が高めなこともあってほとんど売れません。ディナータイム限定として提供を始めたラムや骨付きチキンを使ったちょっと豪華な南インドカレーは、出るも出ないもそもそも相変わらず夜はずっと閑古鳥のまま。

そして意気揚々と配ったアンケート用紙はそのほとんどが白紙。まあ普通に考えて飲食店が実施するアンケートに熱量込めて何かを書き残してくれる人というのはほとんどいないわけです。それどころか、僕はある日とてもショッキングなものを目にしてしまうことになります。それまで何度か見かけたこともある数少ない常連さんの一人が黙って書き残していったアンケートには、余白の部分いっぱいを使い、鉛筆の芯が折れんばかりの殴り書きでただ一言「いいからメニューを元に戻せ！」とだけ書かれていたのです。

ショックでした。悲しみもさることながら、怒りの感情がそれを上回ったのが正直なところです。気軽に元に戻せって言うけど、そしたらこれからもずっと何も変わらず赤字のままでいつか店は潰れるんだぞ！　という怒りがまずひとつ、同時に、どうしてこの渾身の新メニューの良さを理解しようとしないんだ！　という、それは今考えるとただただ身勝手な、商売人にあるまじき苛立ちだったと思います。

しかし結局のところ、メニューは「少しだけ」元に戻しました。そのおかげかお客さんは減ることもなかったものの、鳴かず飛ばずの状況はその後も続きます。身勝手で不甲斐ない僕に代わって当時のスタッフたち[*1]はキッチンカーを使った移動販売も始めたりして数字を少しずつ伸ばしてもくれましたが、それでも最終的には閉店を余儀なくされる結果となりました。彼らにとっても本当に申し訳ない、ただひたすらに苦い経験です。

閉店が決まる少し前に、また新しく、カレー屋さんを出店しないかという誘いをいただきました。場所は東京のど真ん中、東京駅から直結の八重洲地下街。まごうかたなき一等地です。相当迷いましたが、受けることにしました。ただ、今までと同じことをやってまた同じようにうまくいかないと本当にジ・エンドです。あの殴り書きのアンケート用紙が頭をよぎります。もう二度とあんな頭ごなしに、頑張ってることを全否定されたくない。そのためにどうするか。今考えても馬鹿だと思うのですが、その時の僕はあきらかにおかしな結論に至りました。

「西新橋のようなどっちつかずではなく、今度は最初から徹底的に本格路線で押し通せば、もはや誰もあんな文句は言えないだろう」

無茶苦茶です。社内でもほとんどの仲間が反対しました。[2] ある意味それが当然です。僕は「もしうまくいかなかったらすぐに看板を掛け替えて普通のカレースタンドにするから、とりあえず一度挑戦させてほしい」と仲間を説き伏せて「エリックサウス」という南インドカレー専門店としてその店を立ち上げました。勝算はまるでありませんでしたが、看板を掛け替えて普通のカレースタンドにしたところで勝算が無いのは同じこと、というのは西新橋での苦い経験を通じて半ば確信していましたし、そしてこの期に及んでほんのちょっぴりの自信もありました。

いや、もしかしたらそれは自信というものでもなかったような気はします。これは今だから言えることですが、自分が本当にやりたいことをやり切って失敗するなら本望、という完全に社会人失格な意地もありました。

今思い返すと本当に最低ですが、兎にも角にもエリックサウスはオープンしました。ただし、この時ばかりは運も全て味方してくれたとしか思えません。オープン後次々に経験豊富かつ優秀なメンバーが参加してくれたおかげで、[3] 時間はかかりましたが看板を掛け替える羽目になることもなく、いつしか店は軌道に乗りました。

その頃の僕はどこかで常にあの殴り書きのアンケートの主に対して「いつか見返してやりたい」という思いをトラウマのようにかかえていた気がします。もう二度とあんな風に上から物申されることの無いよう、誰も何も文句の言えない店を作るんだ、という思い。

ただそれからさらに数年を経て、かのアンケート氏に対する今の僕の気持ちはかなり変化しています。「今となってはむしろ感謝しています」と言ってしまうと少し綺麗事すぎますが、むしろそれは「共感」といったものに近いのかもしれません。

カレーライスって、とても個人的な食べ物なんだと思います。日本人なら誰もがいつだって自分にとっての「理想のカレーライス」というべきものを持っているんじゃないか、と。そして理想に近いカレーライスに出会えば、その人はそのカレー屋さんに通い続ける。それがある日突然、店の都合だけで無くなってしまうなんて、とても許容できることではありません。そこにおいて「お店の向上心」なんて何の意味もないことなのです。

「老舗」と言われる店は「昔からずっと変わらない味を提供している」と評価されることが往々にしてありますが、実際のところ長く続くお店ほど実は時代時代で少しずつ味を変えている、そうでないと生き残っていけない、ということがよく言われます。そしてさらに、その変化はお客さんに気づかれてはならないのだ、とも。それが今更になって身に染みています。そうやって自分たちの店もいつか「老舗」と呼ばれる日が来てほしい。それが僕にとっては今、究極の夢なのかもしれません。

＊1　この時のスタッフが、今、神田「カレースタンドPLUCK」を営む道上英俊くんと、大久保「spicy curry 魯珈」の齋藤絵里さんです。ふたりには結局何も教えられなかった気がしますが、反面教師としてはなかなかだったのではないかと心の中で言い訳をしています。

＊2　この時ただひとり反対しなかったのが、古くからの友人でもある弊社社長の武藤洋照。

＊3　この時「エリックサウス」をなんとか軌道に乗せた功績者が、今、西荻窪「大岩食堂」を営む大岩俊介くん、そしてその後を引き継いで繁盛店に押し上げた立役者が新井薬師前「マロロガバワン」の磯邊和敬くん。彼ら無しに今の「エリックサウス」はあり得ません。

かっこいいぬた

僕が本格的に飲食業に身を投じ始めた二十年ちょっと前、巷では「創作和食」というものが流行っていました。和食に、フレンチやイタリアン、あるいは韓国料理などの要素を取り入れたちょっと高級な居酒屋料理です。その代表的なメニューは「フォアグラ大根」。ダシで炊いた輪切りの大根にフォアグラの照り焼きを載せたものが、いささか大げさすぎる白い皿の中央に置かれます。そこにシャーッシャーッとバルサミコソースで線が引かれ、フォアグラの上にはこんもりと白髪ネギ&水菜、糸唐辛子、みたいなのがよくある仕立て。当時はそれがとてもオシャレで斬新でした。斬新なだけではなく、食べると確かにおいしい。当時の居酒屋業界ではそういう無国籍風の凝った料理が次々と発明されていました。実のところ、僕も当時居酒屋をやっていて、そういう料理に夢中でした。普通の居酒屋料理では値段で絶対にチェーン店に勝てない。正統派の日本料理では、昔からやってる名のある店には到底及びもつかない。その点、創作和食なら新参者でも何らか勝ち目はある。それに、自分のアイデアを形にするのは単純に楽しく、それがお客さんに褒められれば達成感も得られます。ブームというのは怖いもので、今から思えばそれが多少稚拙なものであっても割と簡単に評価を得てしまっていたと思います。

居酒屋をやってれば誰でも考えることは同じようで、周りにもそういうお店がどんどん増えていきました。僕の店も含め、そういう店のメニューの名前はどんどん長くなっていきます。「〇〇の××風味」「〇〇ソース仕立ての×××」みたいなパターン。メニュー名が長くなるのにはもうひとつ理由がありました。「素材自慢」です。当時、というか今でもそれは続いていますが、「鶏の塩焼き」ではもはやメニューになり得ません。「〇〇地鶏の炭火焼き」でなくては収まりが付かない、そんな空気が一気に満ちてきた時代でもありました。

当時、とある店で僕はすごいメニュー名を見たことがあります。「農家で採れたジャガイモのペペロンチーノ」というのがそれです。そりゃあジャガイモが採れるのは農家に決まってます。逆にそれ以外のジャガイモがあるなら教えてほしい。どう考えてもこのメニューは単に「ジャガイモのペペロンチーノ」でいいはずです。でもそのお店の人は「そのままではお店のメニュー名としては『絶対に』成立しない」と頑なに思い込んで錯乱してしまったのでしょう。

とりあえず僕はその「農家で採れたジャガイモのペペロンチーノ」という文字列を見て、最初は大笑い、それから心底うんざりしました。それは言うまでもなく滑稽そのものでしたが、自分のやってることだって多かれ少なかれ同じようなことなのではないかと思ったのです。一時期は夢中になった創作料理にもだんだん飽きてきました。それはもはや周りもみんなやってて、別にもう新しくもなければカッコよくもない。むしろ徐々に空虚でカッコ悪いものになりつつある。そう考えるようになるのにさほど時間はかかりませんでした。

そんなある日、僕は「マグロ」を使った新しいメニューを考えていました。冷凍だけどなかなか良いマグロが安く仕入れられることになったのです。近所のライバル店では「マグロのレアカツ　ジェノベーゼソース」が評判でした。少なくともそれに負けないものを、といろいろ知恵を巡らした結果、叩いたマグロとオリーブオイルを合わせて周りに玉ねぎやケッパーなどの薬味を並べたタルタルステーキ風の料理と、マグロの表面だけサッと焼いてタイ料理のヤムヌア風にサラダ仕立てにする料理を思いつきました。

その店では、通常メニュー以外のこういう限定メニューは、店内の壁に手書きで貼り出していたので、僕は早速そのスペースに、思いついたばかりの「ビストロ仕立て　鮪のネギトロ風タルタルステーキ」を書きました。が、書いてから「ステーキと書くと焼いたものを想像されるかもしれない」と心配になって、あっさりそれをボツにすることに。代わりにそのスペースに今度は「ライムとライムリーフ香る鮪のレアステーキ　タイ風サラダ仕立て」を書き始めたのですが、今度はメニュー名が長すぎて文字配分を誤り書き直さざるをえなくなりました。

そしてその時点で僕はなんだか急に虚しくなってきたのです。創作料理イヤイヤ病です。思いついたふたつの創作料理は発作的にボツにしてしまいました。そして半ばヤケクソにそのスペースにのびのびと大きく、たった二文字で「ぬた」

とだけ書きました。マグロの刺身と茹でた分葱《わけぎ》を辛子酢味噌で和えただけの古色蒼然とした料理。それを何のヒネリも無く出してやろうという咄嗟の思いつきです。

とりあえずその瞬間の僕はたいそう清々しい気持ちでした。壁面に並ぶ、「ナントカのナントカ仕立て」「ナントカ風ナントカ」「どこどこ産ナントカのナントカ」といった態《てい》のメニューの中で「ぬた」は字の大きさもあってたいへん目立ちました。あきらかに浮いていたとも言えますが、その浮いてる様が僕にとっては痛快この上なかったのです。

「これだけ目立てば『ぬた』はすごく売れる。このメニューはこの店の新しい時代の幕開けだ！」

僕は高揚しました。そして、この「ぬた」がヒットした暁には、もう店のメニューは全部次々に、最大でも五文字以内にしてしまうというのはどうだろう？という突飛なことを思いつき、そのアイデアに夢中になりました。

「五文字以内」というマイルールを設けたら、もう絶対に「ナントカ仕立て」

「ナントカ風」「どこどこ産」は使えません。「ポテトサラダ」すら字数オーバーなのでそれは「芋サラダ」です。マカロニサラダは「マカロニ」でいいでしょう。肉料理は「牛ステーキ」。それが和牛なのかアンガス牛リブアイロールなのかはどうでもいい、うまい肉が食えたらそれでいいじゃねえか、というスタンス。高価なフルーツトマトを使っていたとしても単に「冷しトマト」。その他、「じゅんさい」「鯛きずし」「鶏バタ焼き」「煮穴子」「焼アスパラ」などなど。基本的に「五文字以内でもさらに短ければ短いほど偉い」という、何が偉いのかわかりませんがともかくそういう世界観を構築すれば「ぬた」はもちろん押しも押されもしないトップスター、そしてそれに続くのが「〆鯖」「冷奴」「蛤吸」あたり。

僕はその思いつきに夢中になり、その日から数日はお店の営業中もそのことばっかり考えていました。当時のそのお店の名前は「和風ビストロ＆bar ENSO」という小洒落たものでしたが、この企みが順調に進めば「大衆酒場　五文字屋」にいっそ変えてしまうのはどうだろう、などと妄想はとどまるところを知りません。

しかしそんな日々はそう長くは続きませんでした。なぜなら肝心の「ぬた」がさっぱり売れなかったのです。

売れなかった理由はいくつもありました。その店は岐阜市にあったのですが、そのあたりで「ぬた」という料理名を知っている人はほとんどいなかったのです。魚介類と葱を酢味噌で和える料理は日本中にありますが、それに「ぬた」という名前が付いているのは限られた地方だったんですね。

さらにその魚介類を酢味噌で和える料理に使われるのは一般的に貝やイカです。何年も経ってからいろいろ調べてわかったんですが、マグロをぬたにするのは東京を中心とした関東圏の独特の食文化のようで、全国的にはほぼ馴染みがない。お客さんに「ぬたって何」と聞かれて「マグロと葱を酢味噌で和えたものです」と答えると、お客さんは怪訝な顔をした後に「そのマグロ、刺身でちょうだい」と言われることもしばしばでした。

極め付きは味噌。ぬたの酢味噌には白くて甘い西京味噌を使っていましたが、これがかなりの割合であからさまにがっかりされたのです。岐阜は愛知県にならぶ赤味噌文化圏。赤味噌以外の味噌は受け付けない人は決して少なくありません。

そんなわけで、コケるべくしてコケたとしか言えない「ぬた」ですが、それは「今だからわかる失敗」というよりは、当時も実は内心、最初からコケることはわかってやったような気もします。東京の酒場で僕は今でもぬたをよく注文しがちなのですが、そのぬたを食べる度に、あの時は自分がそれまでやってきたことに疑問を抱き始めて、ただただ何かそこに風穴を開けたかったんだろうな、と当時のそんな焦燥感を思い出し、酢味噌の辛子が鼻の奥にツーンと滲みます。

それはそれとして大衆割烹「五文字屋」の夢は実はいまだ諦めていません。死ぬまでにいつかやりたい店のひとつです。その場合はもちろんコケる前提で始めるわけにはいきませんから、その時こそ看板メニューの「ぬた」を真の人気者、ヒーロー、トップスターに仕立て上げなくてはならないわけです。そのためにはどうしたらいいか。当時よりは多少経験も積んだ僕ですが、その具体的な方法はいまだにまるで思いつきません。

ミニサラダの永遠

とあるちょっといいお寿司屋さんでランチを食べていた時のことです。カウンター席で食べていると隣に、いかにもお金持ちらしい服装とアクセサリーのマダムが座りました。どことなくやり手の女性経営者といった風情です。マダムは席につくやいなやテキパキと「五目ちらし」を注文しました。ほどなくして彼女の前にガラスの小鉢に入ったサラダが先ず提供されたのですが、それを一瞥したマダムはカウンターの中の職人に向かってやおら問うたのです。

「なによこれ?」

カウンターの中の職人はその鋭い詰問口調にうろたえつつ「ランチサービスのサラダでございます」、と答えたのですが、マダムは職人をキッと見据えたまままさらに言いました。

「いらないわよ、こんなの。下げてよ」

サラダは手付かずのまま黙って下げられました。

隣で見ていてさすがにこれはかわいそうでした。若い職人さんは何の落ち度も無いはずなのに心なしかしゅんとしています。なにもあんなキツい言い方じゃなくても……。

かわいそうと言えばサラダもかわいそうです。僕もその時お寿司の前に同じものを食べました。まあ確かに何の変哲もないサラダではありました。が、それはレタスと大根を主体にしつつ、さすがの包丁捌きでごく丁寧に切り揃えられたニンジンと紫キャベツが彩りを添える、誠実なサラダでもありました。なのに「こんなの」呼ばわりでその存在は全否定され、おそらくはそのまま廃棄されたことでしょう。

マダムに対しては正直、憤りを覚えました。「あなたには人の心というものが無いのか」と詰め寄りたかったくらいです。ですが、そうは言いつつ、彼女の苛立ちに対しては共感する部分があったのもまた確かです。

日本の外食、特にランチタイムにおいてはこの種の「ミニサラダ」が幅を利かせすぎている気もするのです。カレーはもちろんパスタにもオムライスにも、和定食にも中華定食にも、この「あっても無くてもどっちでもいいようなサラダ」はやたらと登場します。

マダムはもしかしたらそのお寿司屋さんの夜の贔屓客だったのかもしれません。その店はまだ新しいお店でしたが、正統派の江戸前寿司を提供する店として評判でした。そういう店でもランチだと江戸前寿司とは何のゆかりも無いありきたりなサラダをさも当然のように出してくる、それが彼女にとっては許せなかったのでは、と想像するのは容易でした。


この種の「ありきたりなミニサラダ」がやたらと浸透しているジャンルのひとつにインドカレーがあります。日本人が最も頻繁に目にするであろうインド料理、すなわち「インドカレーとナンのセット」にほぼ一〇〇%サラダが付いて来るのは皆さんもよくご存知のことでしょう。ですがこのサラダ、少なくともインド料理好きの間では実はたいへん評判が悪いのです。インドでは生野菜を食べる習慣はあまり無く、あってもその調理法や素材は極めて限られています。少なくとも、レタスやキャベツなどの葉野菜を主体にしてそこに何らかのドレッシングがかかっているこの種のサラダは、インドではほぼ食べられることは無いはず。

インド料理好きにとってはこのような「インド料理とは何のゆかりも無い一品」が皿の一部を占拠していることが許せないわけです。僕もインド料理好きの一人としてこの感覚には完全に共感しています。許せない、とまでは言いませんし出てきたらありがたくいただきますが、できたらこのポジションにサラダではなく何かしらインドの野菜料理的なものがちょこっとでも添えられていたらどんなに嬉しいことか、とよく思います。

ですから僕自身、過去にカレー店やインド料理店を営む中で、ありきたりなサラダの代わりにインドの野菜料理を付けるということを何度も試してきました。サブジと言われる野菜のスパイス炒めや、刻んだ野菜をヨーグルトで和えたライタなどです。しかし残念なことにその試みはことごとく失敗してきました。どういうことか。サラダではない野菜料理を出してもそれはかなりの確率で残されてしまうのです。もちろんそれを喜んでくれる方も一部にはいました。安易なサラダじゃなくてこういうものを付けてくれるなんてサスガだね！　というような賞賛も時々はいただきました。でも必ず一定数確実にそれは残ってくる。サラダだったら特に褒められもしないかわりに、残ってくることはまず無いのに。

僕は早々に見切りを付け、インド料理好きしか頼まないような一部のマニアックなセットを除き、それ以外には素直にサラダを付けることにしました。

同じようなことは和食屋でも経験しました。主菜とご飯、味噌汁に小鉢とミニサラダが付く、というのは安めの和定食によくあるパターンだと思いますが、そこでミニサラダを付けるくらいなら小鉢を二つ付けよう、という試み。しかしこれもまたあまり評判がよろしくないのです。やっぱりサラダが無いと寂しい、という意見が少なからず寄せられました。そしてインドの野菜料理ほどではないですが、残され率はやはりサラダの時より増えました。

そんなこんなの経験を通して僕は学びました。結局日本人はなんだかんだ言ってあのミニサラダが好きなんです。それは料理としての味だけではなく、「野菜はなるべく摂取しなければならない」という常識と「生野菜じゃないといかにも野菜って感じがしない」的なある種の錯覚にも支えられているのかもしれませんが。

冒頭のマダムやインド料理マニアのようにミニサラダに対する不満を表明する人々は一定数いるにせよ、その他のサイレントマジョリティーには、確実に（ただしうっすらとではあるかもしれないけれど）愛されているのがランチセットのミニサラダ。だからミニサラダは永遠に無くならない。

そしてそこには実のところ飲食店側の都合もあります。ミニサラダははっきり言って「楽ちん」なんです。たいした仕込みの手間も必要ない割に少量でなんとなくサマになる。少量でサマになるから原価も低い。インドの野菜料理であっても和食の小鉢であっても、サラダに代えてそれを用意しようと思うと手間も原価も確実に増えてしまう。そういうことなんです。わざわざ手間と原価を増やして残されるものを作り続けられるタフな飲食店はあまりありません。だったら素直にミニサラダでしょう。ミニサラダを介したお店とお客さんの薄ぼんやりとした蜜月は、だから永遠に続くのです。

ここまでお読みいただいたら明白でしょうが、僕はミニサラダに対して決して全面的に良い感情は持っていません。サラダという食べ物が嫌いなわけではないのです。むしろ大好物のひとつです。

サラダのおいしさは量も大事だと思っています。家でサラダを食べる時は、まずレタスを中心とした葉物野菜を馬に食わせんばかりに大量にちぎります。さらにそこにはセロリやピーマン、水に晒さない玉ねぎなどの香りや辛みに一癖ある野菜や、あればハーブも何かしら加えます。きゅうりやトマトといった定番野菜以外に、小松菜や蕪などあまりサラダらしくない野菜も生のまま入れるとより食べてて楽しいサラダに。

ドレッシングはビネガーと塩とオイル中心のシンプルなものに限ります。それをボウルの中で指先を使って、優しく、そして満遍なく野菜に纏わせるのです。フランスだかどこかでは「サラダは乙女に混ぜさせよ」という言葉があるそうです。残念ながら僕の指先は乙女からはほど遠いのですが、サラダを混ぜる時の気持ちだけは乙女です。トマトが入る時は乙女なりに少し力を入れてそれを軽く潰し気味にします。肉厚のトマトにも味が馴染むと共に、トマトからわずかに染み出すエキスがドレッシングの味を深めてくれるという寸法です。

残念ながらランチタイムのミニサラダは、こういうサラダとは全てが真逆です。量が少ないのは、これはもう仕方ない。でもセロリもハーブも辛い玉ねぎも入っていないのは寂しい。その代わりなぜかいつもトッピングされるのは粒コーン。ドレッシングをいちいち乙女の指先で、しかもトマトを軽く潰しながら混ぜよなんて無茶は言いません。が、なぜそこにかかっているのはいつも「胡麻ドレッシング」なのか。酢と油でいいではないか。

身勝手は重々承知ですが、世の中のミニサラダのほとんどに対して僕はこういう不満を抱いてしまうのです。そして本当は僕もよく知っています。僕の理想そのままのミニサラダを出したら、それはやっぱりきっと一定数残されてしまうのです。

から揚げ稼業

日本人は本当に鶏のから揚げが大好きです。好きが過ぎると言っても過言ではないのではないでしょうか。

定食屋でも中華料理店でもファミレスでも、から揚げ定食はちょっとその気になればいつでもどこでも食べることができます。最近ではから揚げの専門店もずいぶん増えたし、デパ地下でもスーパーでも持ち帰りのから揚げは大人気。

から揚げがいかに人気かを、最近改めて痛感させられたエピソードがあります。先日、ウチの会社が運営するお店のひとつである和食店の店長が、ランチの売り上げをテコ入れすべく新しいメニュー案を上げてきました。僕が驚いたのはそのメニュー数の多さ。それまでは夜にだけ出していたようなちょっと凝ったメニューやより専門的なメニューをランチメニューの定食に組み込んだものが二十種類以上ずらっと並んでいるのです。

「確かにこれはとても魅力的だけど、この内容を忙しいランチタイムに本当に捌ききれるの？」

と、僕は問いました。問うたというか、実質は「こんなの非現実的だからやめたまえ」という忠告です。しかし店長はメニューの一点を指さしてこともなげにこう返しました。

「大丈夫です。これだけいろいろ並んでいてもお客様のほとんどが注文するのはこの『から揚げ定食』です。それ以外のお客様が凝ったメニューをちらほら頼まれても充分に対応できます」

僕は半信半疑でしたが、「じゃあとりあえずそれで始めてみてよ。でもヤバかったらいつでも差し替えられるようにメニュー数絞ったB案も用意しといて」と渋々OKを出しました。

結果どうだったかと言うと、それはまさに店長の読みの通りになりました。たぶんですが店長はB案は用意すらしていない。圧倒的に売れていくものはから揚げ定食と、あとは日替わり定食。ただしそれ以外の（少なくとも僕から見るともっと魅力的な）メニューを歓迎する層のお客さんも多少は増加して、結果的にランチのテコ入れ計画は大成功、という顚末でした。

そういえばかつて自分自身が和食店の店に立っていた頃もから揚げは大人気でした。その店は土鍋で炊く「鯛めし」の専門店。ですが、メニューの埋め草的に置いた「から揚げ定食」が意外なほどに売れるのです。そして妙に評判もいい。気を良くして、普通のから揚げだけでなく、それを大根おろし入りのダシでアレンジしたものや、チキン南蛮風のものなども増やしました。

するとちょっと困ったことが起きました。から揚げばかりがよく売れて、肝心の鯛めしが売れなくなってきたのです。これでは本末転倒と慌てて、今度は「鯛めしとから揚げのセット」をオンメニュー。正直ちょっとミスマッチすぎて躊躇する気持ちも無くはなかったのですが、あにはからんやそれは大ヒットしました。その後も今に至るまでそれはその店の看板メニューのひとつです。

当時、何軒かの店の和食系の料理人が集まって居酒屋で飲む機会がありました。その時ツマミで出てきたから揚げをつつきながら、ある一人がこんなことを白状しました。

「店でから揚げの注文が入ると、ついつい一個二個余分に揚げて、揚げ立てをこっそりつまみ食いしちゃうんだよね。あんなにうまいから揚げは無い」

すると僕も含めてその場にいた全員が「やる！　それやる！」と大笑い。さらに皆の話を聞くと、から揚げ以外の料理であえてそれをやることはまず無い、というのもほぼ一致した意見。揚げ立てのから揚げにはプロの料理人としての矜恃をも脅かす魔力のようなものすら備わっているようです。


から揚げは実のところ和食としては比較的歴史の浅い料理です。一九六〇年代くらいまでは、大分や北海道など特定の地域を除けば家庭料理としてはあまり一般的ではなかったとのこと。それが日本全国に広まったのはむしろビアホールのつまみメニューとしてだったようです。なので今でも年配の方の中には、から揚げは好きだけどそれはあくまでビールのつまみとしてであってご飯のおかずにはならない、ということを言う人もいます。

確かにこれはわからなくもない。塩ジャケや豚の生姜焼きみたいな「これはご飯が無いとなんともならないぞ」というおかずに比べると、から揚げは確かにそのレベルまでのご飯親和性はありません。しかし現実問題、今やから揚げ定食やから揚げ弁当は大人気です。コンビニのから揚げ弁当って、昔はいかにも弁当らしく、から揚げ以外にも卵焼きなどのちょっとしたおかずがいくつかと漬物などがあしらわれたりしていた記憶がありますが、今のから揚げ弁当は、ほぼご飯とから揚げのみ、ということがほとんどです。よくよく見ると端っこにあっても無くてもいいようなポテサラがほんのちょっぴり添えられていたりから揚げの下に数本のスパゲッティが敷かれていたりしますが、基本は「から揚げと飯」。から揚げ弁当を食べたい時ってすなわち「から揚げさえあれば後は何もいらない」というモードになる時なのかもなあ、と思います。

数年前、僕も運営に関わるテイクアウト専門のエスニック弁当店がなかなかうまく行かないという事態が起こりました。その店は、ガパオやルーロー飯、チキンオーバーライスなどの「ご飯に何か載っける」系のエスニック弁当をスピーディに安く提供するコンセプトの店。周りにいろいろなお弁当屋さんがすでにあったこともあって、他がやってないことをやらねばと始めた業態でしたが、残念ながらなかなか売り上げが伸びない。

お店のスタッフと僕は躍起になって「売れるメニューを作らねば」と新商品開発を進めました。長粒米を使った海南鶏飯やビリヤニはどうか、とか、アメリカ映画に出てくるようなボックスに入った中華系はどうだ、みたいな感じで試行錯誤しましたが状況は全く変わらず。最終的に僕が出したアイデアは「もういっそのこと開き直ってから揚げ弁当をやるしかない」というものでした。「から揚げ弁当なんてどこの店でも出してるし、それを今更……」という意見もありましたが、僕には勝算がありました。

それはまさに「から揚げ弁当を食べたい人はひたすらから揚げを食べたいに違いない」という確信。僕は、三種類のから揚げ弁当を提案しました。

①ご飯の上に少量の高菜漬けを敷いて、その上にから揚げを五個載せた

「から揚げ弁当」
②そのから揚げが七個に増えてご飯を覆い尽くした
「ご飯の見えないから揚げ弁当」
③さらにそのから揚げが九個になった
「ふたの閉まらないから揚げ弁当」

タイトルが嘘にならないようあえてコンパクトな容器を使い、「ふたの閉まらないから揚げ弁当」は本当にから揚げが蓋を押し上げ閉まりきらないのを輪ゴムで強引に押さえる仕様。から揚げの脇には「マヨネーズ　又は　特製ピリ辛マヨネーズ」をたっぷり絞り出して、もちろん他のおかずは一切無し。とにかく「から揚げ弁当が食べたい人が求める本質」を追求したのです。このビジュアルを見て、それまで半信半疑だったスタッフも大笑いして「イナダさんらしくないですね。これは絶対イケますよ」と全面賛成してくれました。

結果は思った以上に大成功でした。昼時の並び列は日に日に延びていき、そのほとんどの人が三種類のから揚げ弁当のどれかを買っていってくれました。

このエピソードははっきり言って自慢です。

スタッフが「イナダさんらしくない」と言ったのはまさにその通りで、普段僕はまず自分が作りたい、世に広めたいものありきで、それをいかにスマートに売るかに腐心するということが多いのです。ちなみにこれは「プロダクトアウト」と言われ、マーケティング論的には最悪とされる手法です。逆に、市場を見極めてそこに潜在ニーズがある商品を投入するという「マーケットイン」こそが正しいとされています。

この時のから揚げ弁当は、僕が純粋に「マーケットイン」の発想で成功させた数少ない事例です。普段僕は自分自身のことを、料理人としてはともかく商売人としては全く適性が無いのではないか、と考え始めて自信を無くしかけるということが度々あるのですが、そんな時はこの時のことを思い出すことにしています。

「大丈夫、俺ならやれる。なんせ俺はあの『ふたの閉まらないから揚げ弁当』を発明した男だぞ！」

おわりに

山の宴、里の宴、そして正解のピンポン

田んぼの脇を流れる小川を背にして小さな段々畑を上りきったところに、父方の祖父母の家はありました。

家の背後には竹藪が広がり、春先になると祖母はそこを歩き回って、時折細い棒をプスッと地面に突き立てます。足の裏の微妙な感覚でまだ地中深く埋まった筍の芽を探り当てて、そこに目印の棒を刺しておくのです。数日後、筍がほどよく育ったであろうタイミングでそれは掘り起こされ、すぐに庭先の鉄釜で茹でられました。

子供の頃家族で祖父母の家に行くと、だいたいいつでもお煮しめが振る舞われました。主役はその筍です。シーズン中の掘り立て茹で立てがおいしいのはもち

ろんですが、まとめて冷凍しておいて時期外れに食べるそれも、冷凍でほどよく繊維がほぐれたところにダシがたっぷり染み込みまた違ったおいしさでした。

お煮しめに他に入っていたものは、段々畑でとれた自家用の野菜や、近所の豆腐屋で買ってくる硬くてやたらずっしりした田舎豆腐の厚揚げ。そしてダシとして鮎の焼き干しが使われることもありました。目の前の小川の少し下流は鮎の漁場となっており、そこで捕れた落ち鮎（産卵のために川を下る鮎）をカラカラに干したものです。もっとも当時すでに天然の鮎はずいぶん貴重なものとなっており、お煮しめにもたまにしか使えなかったようです。そのたまの時には、祖母はお煮しめの大鍋の底に敷かれた簀の子をめくって、その下にぎっしり整然と並べられた鮎を見せてくれました。ちなみに鮎が入らない時のダシは「ハイミー」でした。

ともあれ、鮎だろうとハイミーだろうとそのお煮しめはいつだって最高のおいしさでした。当時の僕は、世の中のほとんどの小学生男子がそうであったように、好物はハンバーグやカレー、そしてスパゲッティ。煮物なんて普段はちっとも好きじゃなかったのに、そのお煮しめだけは別格でした。大振りに切られた筍や野菜、厚揚げにかぶりついてもりもりと頬張るおいしさは今思い出しても陶然とします。

後に僕はプロの料理人になり、その中で割烹の和食も学びましたが、そこで様々な技法を組み合わせて丁寧に作られるどんな手の込んだ「炊き合わせ」でも、このお煮しめに勝るものはありませんでした。


そのお煮しめに魅了されたのは僕や家族だけではありませんでした。団体役員だった祖父の仕事柄、その家には来客が多かったようです。辺鄙な田舎をわざわざ訪れる客人をもてなすためにもお煮しめは度々振る舞われていたようなのですが、その中でいつしか祖母は「田舎のお煮しめ名人」という評判を獲得していました。そしてある時、ローカルのラジオ番組で祖母とそのお煮しめは、晴れて県下全域に紹介されることになったのです。

しかしそこで一悶着が起きました。収録前の打ち合わせで「ダシは何ですか?」と聞かれた祖母が「今日のはハイミー」と率直に答えたところ、ディレクターがそれに難色を示したのです。ちょっとそれではリスナーに対して説得力に欠けるので、鰹と昆布のダシだとなお良い、とかそういうことにしていただけませんか、という様な提案がなされました。

しかし祖母は頑としてそれを拒否しました。その理由がふるっています。

「煮しめはあくまで山の料理であって、山の料理に海のダシを使うなどもってのほか」

いつもにこにこと、いつも同じ煮しめを、生活の欠くべからざる一部として年がら年中淡々と作っていたその根底には、そんな毅然とした美しい哲学が横たわっていたのです。

母方の祖父母の家は、繁華街からもほど近い、閑静な住宅街にありました。

こちらの祖母は、おいしいものを食べることと、人をおいしいものでもてなすことが大好きな人でした。特に好物だったのが中華料理。曽祖父の仕事の関係で少女時代を中国で過ごした彼女は、そこで中国料理の魅力に取り憑かれ、現地の家政婦さんにいろいろな料理を習ったそうです。

忘れられないのは焼きビーフン。たっぷりの野菜を強すぎない火加減で炒めることで染み出した汁をビーフンに吸わせながら炒めます。特徴的なのは、ひっくり返したおたまのへりでそのビーフンをカンカンと切断しながら炒めること。最終的にビーフンは全て一センチ程度の細かさに切断されるのです。ビーフンと野菜がしっぽりと一体化した滋味溢れるおいしさ。見た目は地味ですが、こういうのこそが中国での日常のおかずだったのでしょう。

もっとも、祖母の情熱は中国料理を作ることよりむしろ食べることの方により強く向いていたようです。市内の主要な中国料理店を一通り食べ歩いた末に、彼女はお気に入りの店を二店に絞りました。市内随一の観光ホテルに入っているSという店と、繁華街の路地裏に古く小さいビルを構えているHという店です。「Sは何を食べても間違いがないし店も綺麗で誰でも安心して連れて行けるけど、本場の味で本当に一番おいしいのはH」

というのが彼女の見解。そしてそのHという店では度々、祖母が主催する親族の食事会が開催されました。僕はこの会がとにかく楽しみでしょうがありませんでした。そこで出会うのは普段絶対に食べられない特別なおいしさ。単に味の面だけではなく、この会ではそれまで見たこともないような料理が次々と供されたのです。色とりどりの点心や、鮑《あわび》や海鼠《なまこ》の煮込みはそこで初めて食べましたし、子豚を丸焼きにして北京ダックのように食べる料理などは今に至るまでそこでしか食べたことがありません。

当時僕は、世間一般このような中国料理店ではこういった感じで普段は見たこともないような料理が次々と出てくるものなんだと思い込んでいましたが、後々知ったのはこれらの料理の内容は祖母がお店と相談しながら組んだ特別なコースだったということです。そりゃそうですね。

少し時代が飛びますが、僕は親元を離れ京都の大学を卒業してから大阪の大きな食品会社に就職しました。その年末に開かれた忘年会は高級ホテル最上階の中国料理レストラン。学生時代はとてもじゃないですけどそのような店に行くことはなかったので、これは実家にいた頃の祖母主催の宴会以来の高級中華、ということでずいぶんワクワクして参加しました。ところがそこで出てきたものは青椒肉絲やエビチリなどのありきたりな中華料理ばかり。確かに青椒肉絲の肉は和牛で、エビチリの海老は大振りな車海老、という豪華さではありましたが、どうも釈然としません。そんな調子でコース終盤に麻婆豆腐が出てきた時点で僕はたまりかねて、円卓で隣り合わせた先輩にこっそり「ここ、つまらん料理ばっか出てきますね」と愚痴って、怪訝な顔をされた後、そういうことを言うものではないとたしなめられました。

閑話休題。

母方の祖母は小柄で華奢な女性でしたが、中国料理以外でも基本的に脂っこい食べ物が好きでした。例えば鰻。中国料理店と同様、お気に入りの店の確たる序列があったようです。ある時、「前は一番好きだった店がこの数年味が落ちてたんだけど、最近職人さんが変わってまた一位に返り咲いたのよ」と嬉しそうに語ってくれたことがありました。正直僕は、鰻なんてどこで食べてもおいしいじゃん、としか思いませんでしたが、祖母はとにかくそういうことに対してはひたすら真剣でした。

祖母主催の宴会は、中国料理店だけではなく自宅で催されることもありました。そういう時は手料理だけではなく、そんなお気に入りの鰻屋さんから取り寄せた蒲焼きや、百貨店の地下食品街を歩き回って見定めた名品も食卓に並びました。

「デパ地下グルメ」なんて言葉が生まれる十年以上前の話です。飲食店の食べ歩きでお気に入りを見つける趣味もデパ地下グルメも、今でこそずいぶん一般化しましたが、当時そういうことに夢中になる女性は極めて少数だったと思います。

宴会の手料理パートは親族の女性陣でまかなわれました。祖父母の家は、同じ敷地内に祖母の姉妹三人がそれぞれの家を建てて暮らす、というちょっと変わった環境にありました。宴会の日はその三姉妹に加えて僕の母とその姉が台所に集まって料理をしていました。そして毎回各々の得意料理だけではなく、何らか共同作業で新しい料理に挑戦するのが常でした。ある時などは、半日グラグラとスープを煮出しつつ麺打ちからスタートするラーメン作りにチャレンジしたり。その時のラーメンは苦労の割にたいしておいしくもなく「やっぱりラーメンは外で食べるに限る」という結論に至ったようですが。

僕はそんな台所でいかにも楽しそうに料理する彼女たちの手伝いをするのが大好きでした。手伝いというより単なる足手まといだったとは思いますが、少なくとも僕にとっては忘れられない思い出です。自家製ラーメンの回では、チャーシュー用に茹でた豚バラ肉の一部を、味付けせずにそのままスライスして辛子醤油で食べることを提案して採用され、宴席に参列した酒飲みのおじさんたちにも好評を博して得意満面でした。

父方の祖母と母方の祖母、ある意味対極にある食べ物に対するこだわり、その彼女たちを筆頭に両家の親族は男性陣も含め、揃いも揃って食べ物に対する愛の強すぎるメンバーが揃っていたようです。もちろん僕の両親も例外ではありませんでした。

大阪の食品会社に就職して数年後、僕はやっぱり組織としてではなく自分自身の手でおいしい料理を作って人をもてなすことを仕事にしたい、という思いがつのりにつのり、遂には退職して料理人への道を歩むことを決心しました。しかしそのことを両親に報告すると猛反対。自分の人生くらい自分の意思で決めていい年齢だったとは思いますが、親にとっては子供はいつまでも子供、ということだったのでしょうか。もしくは、飲食業は厳しい世界、ということを当時の僕よりよほどよくわかっていたのかもしれません。ともあれ僕は久しぶりに実家に帰って直接両親を説得する必要に迫られました。

僕は僕なりに散々悩んで出した結論だったので、いくら反対されても決意を曲げる気は毛頭ありませんでした。両親の説得をのらりくらりとかわすうち、彼らもついに半ば諦めたようで、しまいには僕をそっちのけで二人で口論を交わす結末に。

「お前がうまい料理ばっかり作って食わすからこんなことになったんだ！」

「あなたこそおいしい店ばっかり連れ回したじゃない！」

傍目には滑稽以外の何ものでもないそんなやりとりを神妙なふりをしつつ笑いを堪えて聞いていた僕は心の中で、

「どっちも正解！」

と、高らかにピンポンを鳴らしました。

おいしいもので できている　二〇二一年三月一六日　初版第一刷発行
二〇二一年一二月二二日　第二刷発行
著者：稲田俊輔／絵：田渕正敏／ブックデザイン：祖父江慎＋脇田あすか（cozfish）／編集：當眞文／発行者：孫　家邦／発行所：株式会社リトルモア　〒一五一－〇〇五一
東京都渋谷区千駄ヶ谷三－五六－六　TEL：〇三－三四〇一－一〇四二　FAX：〇三－三四〇一－一〇五二　www.littlemore.co.jp／印刷・製本所：株式会社シナノパブリッシングプレス／乱丁・落丁本は送料小社負担にてお取り換えいたします。
ISBN 978-4-89815-538-7